AF532033

MIRA GAMAL

ÄGYPTEN

—KOCHBUCH—

Alle Ratschläge in diesem Buch wurden vom Autor und vom Verlag sorgfältig erwogen und geprüft. Eine Garantie kann dennoch nicht übernommen werden. Eine Haftung des Autors beziehungsweise des Verlags für jegliche Personen-, Sach- und Vermögensschäden ist daher ausgeschlossen.

Email: info@edition-lunerion.de
www.edition-lunerion.de

Psiana eCom UG
Berumer Str. 44
26844 Jemgum

Vorwort

Urlaubsreisen nach Ägypten erfreuen sich einer wachsenden Beliebtheit. Für den Touristen gibt es hier viel zu sehen und vor allem zu bewundern. Hier sind die geschichtlichen Hinterlassenschaften wie die Pyramiden, aber auch die wunderschönen Strände und ihre einzigartige Unterwasserwelt zu nennen.

Da sich die Gäste dieses Landes jedoch meist im Hotel verpflegen, ist die kulinarische Seite Ägyptens weitestgehend unbekannt. Die Gästehäuser sind auf europäische Touristen eingestellt, was sich in der Verpflegung eines solchen widerspiegelt. Richtig typisch ägyptische Speisen werden daher meist nicht angeboten.

Dabei ist die ägyptische Küche doch sehr vielseitig und dieses karge Land ist sehr wohl in der Lage, Lebensmittel für den heimischen Bedarf herzustellen. Wie sich allerdings herausstellt, gibt es eigentlich gar keine typische ägyptische Küche. Der Ursprung ist darin zu finden, dass Ägypten einst dem Osmanischen Reich angehörte und somit auch deren Essgewohnheiten zum größten Teil übernommen wurden. Alles, was in Ägypten auf den Tisch kommt, ist zum Beispiel überwiegend auch in der Türkei zu finden. Auf alten Wandmalereien sind die Grundnahrungsmittel der alten Ägypter festgehalten: Bier, Brot, Getreide, Zwiebeln, Wild, Geflügel, Rind und Fisch.

Meist wurde und wird auch heute noch oft auf Fleisch verzichtet und überwiegend mit Hülsenfrüchten und Getreide gekocht. Fleisch kommt in der Regel zu besonderen Anlässen auf den Tisch.

Die Speisen werden mit Olivenöl zubereitet, allerdings nicht in der Menge, wie es aus Griechenland bekannt ist. Auch Gewürze werden eher sparsam eingesetzt.

Die heutigen Ägypter kochen gerne Speisen aus anderen Ländern nach, allerdings mit den im Land verfügbaren Nahrungsmitteln. Deshalb gibt es auch hier Pizzen, Pommes und Nudeln.

In diesem Kochbuch sind nun einige Rezepte zusammengetragen. Diese Speisen finden Sie auf einem ägyptischen einheimischen Küchentisch. In der Regel sind die Gerichte leicht nachzukochen. Einige Zutaten werden Sie allerdings nur in einem türkischen oder arabischen Lebensmittelgeschäft finden. Diese sind aber in vielen größeren Städten ansässig.

Bilhana wa schifa! Guten Appetit!

INHALT

Ebenso sind verschiedene Fruchtsäfte ein gern gesehener Gast auf dem Tisch. Insbesondere ein Zitronensaft mit Pfefferminze und Tee sind sehr beliebt. Kaffee gibt es auch in Ägypten, allerdings meist die türkische Variante.

Jedoch müssen Sie auf die bekannten Softdrinks wie Cola, Fanta und dergleichen nicht verzichten. Sie sind, ebenso wie in Europa, auch in Ägypten erhältlich. Wundern Sie sich aber nicht ... sie sind deutlich süßer.

Ein alkoholfreies Bier in Ägypten zu finden, ist schon etwas schwieriger. Meist handelt es sich um „Birell", welches aber keinesfalls einen europäischen Standard erreicht. Eine Alternative zu den süßen Softdrinks ist das „Fayrouz". Hierbei handelt es sich um aromatische alkoholfreie Biere, die nach Apfel, Birne, Pfirsich oder Ananas schmecken.

Wenn Sie auf der Suche nach etwas Alkoholischem sind, können Sie in speziellen Geschäften solche Getränke erwerben. Einheimische Alkoholsorten sind aber meist kaum genießbar, deshalb sollten Sie auf importierte Waren zurückgreifen. Genießen Sie aber niemals in der Öffentlichkeit den Alkohol, sondern immer in Bars oder Gaststätten oder in der heimischen Wohnung. Im Hotel werden Sie ebenso auf einige Alkoholsorten zurückgreifen können. Häuser ab 3 Sterne sind verpflichtet, alkoholische Getränke anzubieten.

Als Europäer mit der ägyptischen Küche und zudem noch der manchmal mangelnden Hygiene konfrontiert zu werden, kann schon mal auf den Magen schlagen. Deshalb sollten Sie keinesfalls Leitungswasser zu sich nehmen. Da Obst und Salate häufig aber mit Leitungswasser gewaschen werden, verzichten Sie besser und bei Obst entfernen Sie immer die Schale. Achten Sie darauf, dass Fisch und Fleisch immer vollständig durchgegart sind.

Einkaufsliste

Engelshaar (Teigfäden): in türkischen Läden erhältlich

Orangenblütenwasser: in der Apotheke erhältlich

Rosenwasser: in der Apotheke erhältlich

Ras el Hanout: nordafrikanische Gewürzmischen, erhältlich im gut sortierten SB-Markt

Tahini: Sesampaste, Rezept in diesem Kochbuch, kann auch fertig gekauft werden

Kreuzkümmel: auch Cumin genannt

Ghee: mit Butterschmalz vergleichbar, auch damit ersetzbar

Sahlab-Stärke: in arabischen Läden erhältlich

Mahlab: arabisches Gewürz, erhältlich in arabischen Lebensmittelgeschäften

Baharat: arabische Gewürzmischung, Rezept in diesem Buch, gibt es auch fertig zu kaufen

Okra: ägyptisches Gemüse

Foulbohnen: als Konserve in gut sortierten Lebensmittelgeschäften oder in arabischen Lebensmittelmärkten erhältlich

Filoteig: dünne Teigblätter, in türkischen Läden erhältlich

Yufkateig: dünne Teigblätter, in türkischen Läden erhältlich

Orangenblütenwasser: in türkischen Läden oder in der Apotheke erhältlich

Ägyptische Rindswürstchen: in arabischen Läden erhältlich, in Ägypten gibt es nur diese Art von Würstchen

Somar: Granatapfelpulver, erhältlich in türkischen Läden

Frühstück

FRITTATA-EGGA *(EIERSPEISE)*

4 Port.

30 Min.

Leicht

Zutaten

2 Tomaten
2 Frühlingszwiebeln
6 Eier
1 Handvoll Petersilie
1 Chilischote
1 Prise Salz
1 Prise Pfeffer
etwas Dill
etwas Koriander (kann auch weggelassen werden)
Butter für die Auflaufform

Nährwerte p. P.

119 kcal
4 g Kohlenhydrate
8 g Fett
8 g Eiweiß

1 Säubern Sie die Tomaten, die Chilischote und die Frühlingszwiebeln und schneiden Sie sie in kleine Stücke. Spülen Sie die Kräuter ab und hacken Sie sie in feine Stücke.

2 Geben Sie die Eier in eine Rührschüssel und verquirlen Sie sie. Anschließend fügen Sie die anderen Zutaten dazu und verrühren alles miteinander.

3 Heizen Sie den Backofen auf 180 °C mit Umluftfunktion vor. Bestreichen Sie die Innenseite einer Auflaufform mit Butter und füllen Sie die vermischten Zutaten hinein.

4 Backen Sie die Speise, bis die Eier eine feste Form angenommen haben und die Oberfläche goldbraun geworden ist.

5 Zum Servieren schneiden Sie die Eierspeise in rechteckige Portionen.

Tipp: Das Frittata-Egga kann auch kalt genossen werden.

Salate

BANGAR BIL ZABADI *(ROTE-BETE-SALAT)*

2 Port.

45 Min.

Leicht

Zutaten

1 Tasse Joghurt
100 g Gurke
250 g Rote Bete
100 g Tomaten
1 Knoblauchzehe
1 Prise Salz

Nährwerte p. P.

131 kcal
18 g Kohlenhydrate
3 g Fett
7 g Eiweiß

1 Kochen Sie die Rote Bete gar. Anschließend schälen Sie sie und schneiden Sie in mundgerechte Würfel.

2 In der Zwischenzeit säubern Sie die Gurke und die Tomaten. Schälen Sie die Gurke und schneiden Sie sie in kleine Würfel. Die Tomaten schneiden Sie ebenfalls in kleine Würfel.

3 Pellen Sie den Knoblauch und hacken Sie ihn in feine Stücke. Mischen Sie ihn in den Joghurt und schmecken Sie das Dressing mit etwas Salz ab.

4 Zum Servieren mischen Sie alle Zutaten vorsichtig zusammen.

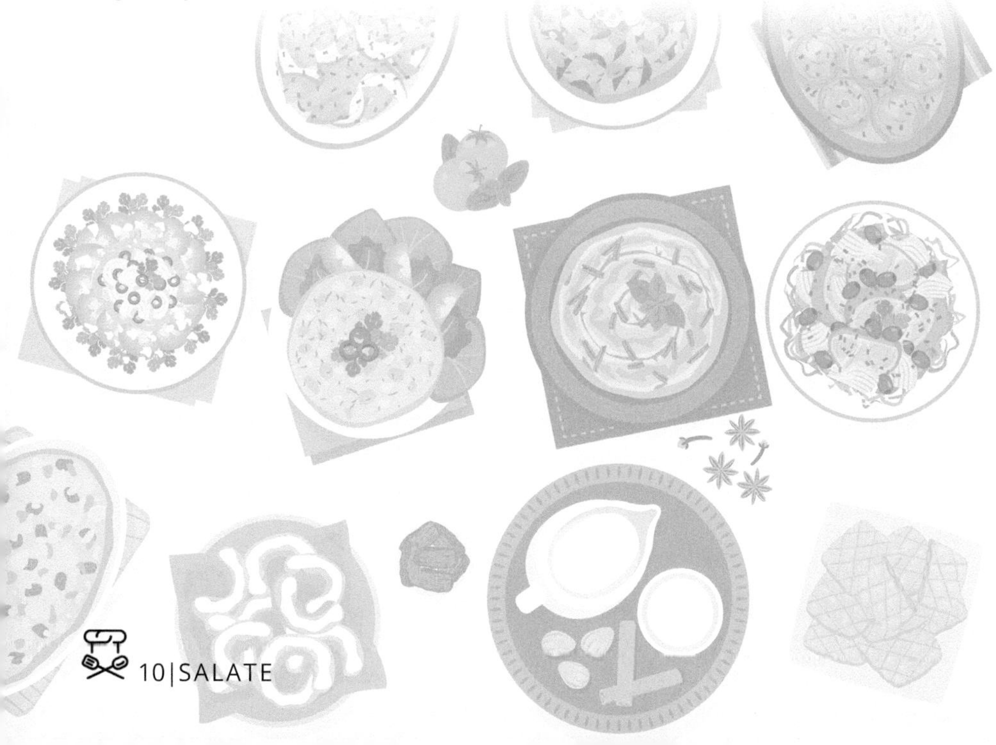

TOMATEN-BULGUR-SALAT

4 Port.

30 Min.

Leicht

Zutaten

500 g Tomaten
600 ml Gemüsebrühe
200 g Bulgur
6 EL Zitronensaft
2 Zwiebeln, rot
160 ml Olivenöl
2 Bunde Petersilie
3 Zweige Minze
1 Prise Pfeffer
1 Prise Salz

Nährwerte p. P.

607 kcal
47 g Kohlenhydrate
41 g Fett
9 g Eiweiß

1 Zunächst bereiten Sie den Bulgur nach Packungsanweisung zu. Verwenden Sie dafür die Gemüsebrühe.

2 Säubern Sie die Tomaten und entfernen Sie die Stielansätze. Schneiden Sie sie in mundgerechte Würfel. Spülen Sie die Petersilie und die Minze ab und hacken Sie sie in kleine Stücke. Pellen Sie die Zwiebeln und schneiden Sie sie in feine Streifen.

3 Geben Sie das Olivenöl und den Zitronensaft in eine Rührschüssel. Fügen Sie die Zwiebeln und die Minze dazu und verrühren Sie alle Zutaten zu einer Marinade. Würzen Sie sie mit Salz und Pfeffer.

4 Nun füllen Sie den Bulgur und die Tomaten in eine Schüssel und vermischen die Zutaten vorsichtig. Geben Sie die Marinade darüber und rühren Sie sie unter die Bulgurmischung.

5 Zum Servieren schmecken Sie den Salat nochmals mit Pfeffer und Salz ab.

ÄGYPTISCHER FELLACHENSALAT

4 Port. 30 Min. Leicht

Zutaten

200 g Feta
6 Tomaten
2 EL Öl
2 Peperoni, mild
10 Oliven
1 Gemüsezwiebel
½ Bund Petersilie

Nährwerte p. P.

213 kcal
7 g Kohlenhydrate
16 g Fett
10 g Eiweiß

1 Waschen Sie die Tomaten und die Peperoni und schneiden Sie sie in dünne Scheiben. Pellen Sie die Zwiebel und schneiden Sie sie ebenfalls in dünne Scheiben. Spülen Sie die Petersilie ab und zupfen Sie die Blätter in kleine Stücke.

2 Geben Sie die Zutaten in eine Schüssel, fügen das Öl dazu und vermischen alles gut miteinander.

3 Schneiden Sie den Feta in kleine Würfel und dekorieren Sie sie mit den Oliven auf dem Salat.

Tipp: Sie können den Fetakäse weglassen und mit Gurken und Paprika ersetzen.

ÄGYPTISCHER BRATKARTOFFELSALAT

4 Port. 60 Min. Leicht

Zutaten

1.200 g Kartoffeln, festkochend
3 Knoblauchzehen
1 Bund Koriander
2 Limetten, unbehandelt
1 Peperonischote
7 EL Olivenöl
3 TL Kreuzkümmel, gemahlen
1 Prise Salz
1 Prise Pfeffer

Nährwerte p. P.

515 kcal
54 g Kohlenhydrate
28 g Fett
7 g Eiweiß

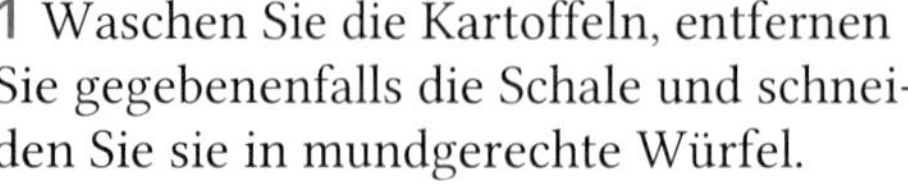

1 Waschen Sie die Kartoffeln, entfernen Sie gegebenenfalls die Schale und schneiden Sie sie in mundgerechte Würfel.

2 Erhitzen Sie 4 Esslöffel Olivenöl in einer Pfanne und braten Sie die Kartoffeln bei mittlerer Hitze, bis sie eine goldbraune Farbe angenommen haben. Würzen Sie die Kartoffeln mit Salz und legen Sie anschließend einen Deckel schräg auf.

3 Währenddessen reiben Sie die Schale der Limetten ab und pressen den Saft aus. Pellen Sie den Knoblauch und pressen ihn zum Limettensaft. Würzen Sie mit Salz, Pfeffer und Kreuzkümmel und verrühren Sie alles miteinander. Fügen Sie 1 Esslöffel Wasser und 3 Esslöffel Olivenöl sowie die Limettenschale dazu. Vermischen Sie alle Zutaten zu einem Dressing.

4 Säubern Sie die Peperoni und schneiden Sie sie in Ringe. Spülen Sie den Koriander ab. Hacken Sie ihn in kleine Stücke, lassen Sie aber die Stiele getrennt von den Blättern.

5 Kurz bevor die Bratkartoffeln fertig sind, geben Sie die Korianderstiele in die Pfanne und braten sie noch kurz mit. Anschließend nehmen Sie die Pfanne von der Kochstelle und füllen das Dressing hinein. Geben Sie die Peperoniringe und die Korianderblätter dazu und mischen Sie sie locker unter die Kartoffeln.

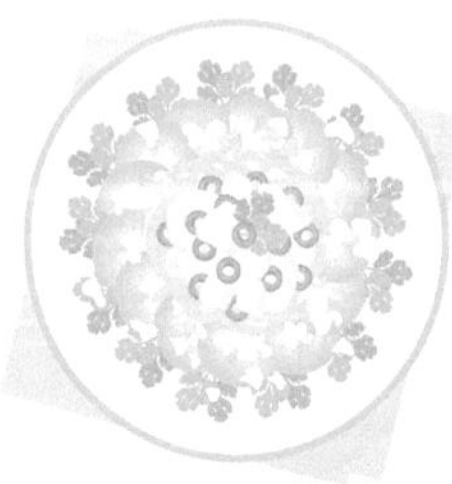

ÄGYPTISCHER KICHERERBSENSALAT

4 Port. 30 Min. Leicht

Zutaten

1 Bund Petersilie
2 Lauchzwiebeln
400 g Kichererbsen (Konserve)
2 Paprika, grün
2 geröstete Paprika, rot
200 g Mais (Konserve)
2 Tomaten
2 Gurken
1 Prise Currypulver
1 Prise Pfeffer, schwarz
1 Prise Salz
etwas Zitronensaft
etwas Olivenöl

Nährwerte p. P.

289 kcal
36 g Kohlenhydrate
8 g Fett
10 g Eiweiß

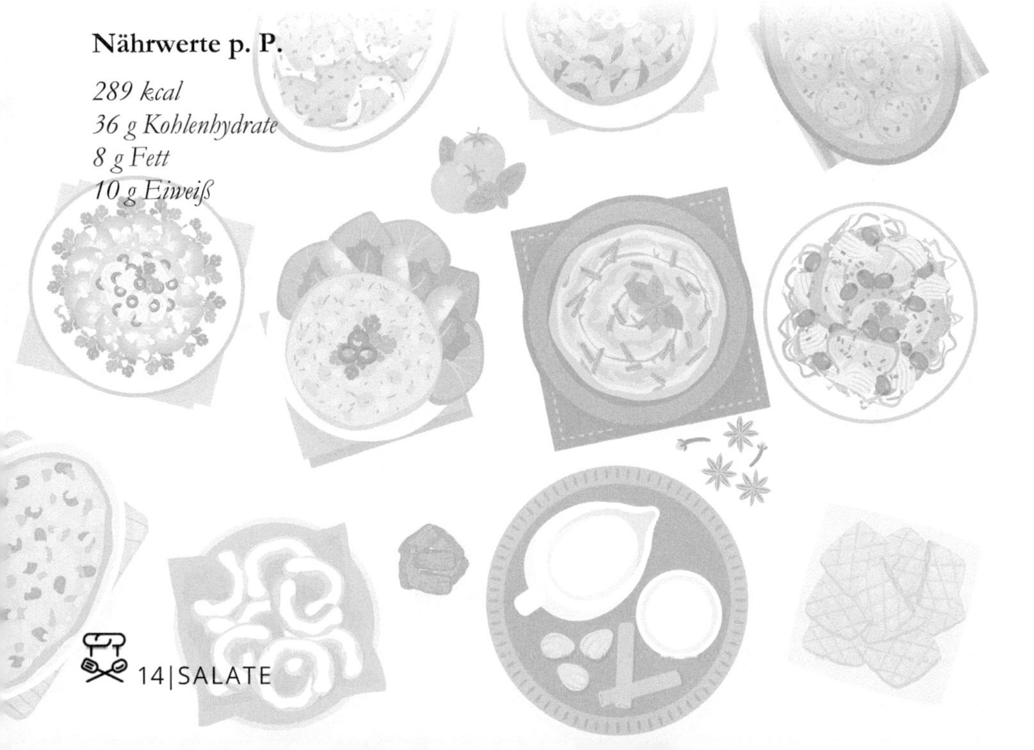

1 Pellen Sie die Zwiebel und schneiden Sie sie in kleine Ringe. Schälen Sie die Gurke und schneiden Sie sie in kleine Würfel.

2 Waschen Sie die Tomaten und schneiden Sie sie in mundgerechte Stücke. Verfahren Sie ebenso mit der roten und der grünen Paprika. Die Petersilie spülen Sie ab und hacken sie in kleine Stücke.

3 Geben Sie den Mais und die Kichererbsen zum Abtropfen in ein Küchensieb.

4 Füllen Sie alle Zutaten in eine Servierschüssel und vermischen Sie sie gut miteinander.

5 Würzen Sie den Salat mit Salz, Pfeffer und Currypulver.

6 Zum Servieren träufeln Sie etwas Zitronensaft und Olivenöl darüber.

FETOOSH *(SALAT MIT GERÖSTETEM BROT)*

4 Port.

45 Min.

Leicht

Zutaten

2 Gurken
60 g Weißbrot, alternativ Fladenbrot oder Landbrot
1 Eisbergsalat
2 Knoblauchzehen
2 Tomaten
1 EL gehackte Petersilie
1 Zitrone (Saft)
1 EL gehackte Pfefferminze
1 TL Somar (Granatapfelpulver)
1 Prise Salz
etwas Olivenöl

Nährwerte p. P.

91 kcal
13 g Kohlenhydrate
2 g Fett
3 g Eiweiß

1 Waschen Sie alle Gemüsesorten und die Kräuter und schneiden Sie sie in mundgerechte Stücke. Vermischen Sie alles in einer Rührschüssel.

2 Pressen Sie die Zitrone aus und geben Sie den Saft über den Salat. Würzen Sie mit Salz sowie dem Granatapfelpulver und träufeln Sie etwas Olivenöl darüber.

3 Schneiden Sie das Brot in kleine Würfel. Rösten Sie es in einer Pfanne mit ausreichend Olivenöl und geben Sie es noch warm über den Salat.

Suppen

ÄGYPTISCHE ROTE LINSENSUPPE

6 Port.

60 Min.

Leicht

Zutaten

450 g rote Linsen
1 Bund Frühlingszwiebeln
1.875 ml Gemüsebrühe
375 g stückige Tomaten aus der Dose
3 Zwiebeln
1 Cabanossi
4 Knoblauchzehen
etwas Petersilie
1 Zitrone, unbehandelt
3 EL Olivenöl
1 Prise Kümmel, gemahlen
1 Prise Pfeffer
1 Prise Salz

Nährwerte p. P.

362 kcal
9 g Kohlenhydrate
2 g Fett
8 g Eiweiß

1 Geben Sie die Linsen in ein Küchensieb und spülen Sie sie gut ab. Anschließend füllen Sie 500 ml Gemüsebrühe in einen Topf und kochen darin die Linsen bei mittlerer Temperatur für etwa 10 Minuten.

2 Nach der Kochzeit geben Sie die Tomaten aus der Dose in den Topf und kochen alle Zutaten für weitere 20 Minuten.

3 In der Zwischenzeit pellen Sie die Zwiebeln und den Knoblauch. Schneiden Sie die Zwiebeln in Würfel und die Frühlingszwiebeln in kleine Röllchen. Pressen Sie den Saft aus der Zitrone.

4 Erhitzen Sie das Olivenöl in einer Pfanne und dünsten Sie die Zwiebeln, die Frühlingszwiebeln und den gepressten Knoblauch darin an.

5 Nach der Kochzeit geben Sie die Zwiebelmischung zu den Linsen und würzen alles mit Salz, Pfeffer und Kümmel. Köcheln Sie die Speise für weitere 20 Minuten.

6 Währenddessen schneiden Sie die Cabanossi in Scheiben. Füllen Sie nach der Kochzeit die restliche Brühe in den Topf und geben die Cabanossischeiben dazu.

7 Spülen Sie die Petersilie ab und hacken Sie sie in kleine Stücke.

8 Zum Servieren geben Sie die Petersilie und den Zitronensaft in die Suppe.

Tipp: Als Beilage können Sie ein ägyptisches Fladenbrot reichen.

HÜHNERSUPPE

Zutaten

250 g Blattspinat, TK
1 kl. Dose Tomatenmark
1 Suppenhuhn (ca. 1 kg)
1 EL Koriander, gemahlen
1,5 l Wasser
1 Bund Suppengrün
2 Knoblauchzehen
1 Zwiebel
1 Prise Salz
etwas Fett zum Anschwitzen

Nährwerte p. P.

700 kcal
6 g Kohlenhydrate
52 g Fett
50 g Eiweiß

1 Säubern Sie das Suppengrün und geben Sie es in einen großen Topf. Füllen Sie das Wasser auf und legen Sie das Suppenhuhn hinein. Kochen Sie es, bis es gar ist.

2 In der Zwischenzeit pellen Sie die Zwiebel und den Knoblauch und schneiden beides in feine Stücke. Geben Sie den Spinat zum Auftauen in ein Küchensieb.

3 Nach der Kochzeit nehmen Sie das Suppengrün und das Huhn aus der Brühe. Entfernen Sie die Knochen und zerteilen Sie das Fleisch in mundgerechte Stücke.

4 Anschließend erhitzen Sie das Fett in einer Pfanne. Schwitzen Sie darin die Zwiebel und den Knoblauch an und fügen das Tomatenmark, das Salz sowie den Koriander hinzu. Schwitzen Sie die Zutaten so lange an, bis sich ein Kloß bildet, diesen geben Sie dann in die Hühnerbrühe. Rühren Sie um, bis sich der Kloß aufgelöst hat.

5 Geben Sie den Spinat in die Brühe. Kochen Sie die Zutaten, bis der Spinat fast zerkocht ist.

6 Zum Servieren geben Sie das Hühnerfleisch wieder in die Brühe. Sie können es auch separat reichen.

Tipp: Servieren Sie ein ägyptisches Fladenbrot zur Suppe.
Sollte Ihnen die Variante mit einem Suppenhuhn zu lange dauern, können Sie alternativ auch Hähnchenschenkel und eine reichliche Portion Hühnerklein verwenden.

ÄGYPTISCHE SPINATSUPPE

4 Port.

35 Min.

Leicht

Zutaten

250 g Spinat, frisch
400 g Kichererbsen
1 Knoblauchzehe
1 Zwiebel, rot
2 EL Olivenöl
1 l Gemüsebrühe
3 EL Tahini
1 EL Ras el Hanout
etwas Zitronensaft
1 Prise Salz
1 Prise Pfeffer
etwas Kreuzkümmel, gemahlen

Nährwerte p. P.

220 kcal
20 g Kohlenhydrate
9 g Fett
10 g Eiweiß

1 Pellen Sie die Zwiebel und den Knoblauch. Schneiden Sie die Zwiebel in kleine Würfel und hacken Sie den Knoblauch in feine Stücke.

2 Geben Sie die Kichererbsen in ein Küchensieb und spülen Sie sie gut ab. Anschließend zerdrücken Sie die Erbsen mit einer Gabel in stückige Teile.

3 Waschen Sie den Spinat gut ab und hacken Sie ihn in grobe Stücke.

4 Erhitzen Sie das Öl in einem Topf und dünsten Sie darin die Zwiebel und den Knoblauch an. Geben Sie die Gewürzmischung dazu und füllen Sie die Brühe auf.

5 Fügen Sie nun den Spinat und die Kichererbsen dazu und rühren Sie alles gut durch. Köcheln Sie die Suppe für etwa 10 Minuten und rühren Sie hin und wieder einmal um.

6 Zum Schluss schmecken Sie die Suppe mit Pfeffer, Salz, Zitronensaft, Kümmel und Tahini ab.

Tipp: Servieren Sie als Beilage ein knuspriges ägyptisches Fladenbrot

ÄGYPTISCHE LINSENSUPPE

4 Port.

60 Min.

Leicht

Zutaten

400 g Linsen
4 Knoblauchzehen
2 l Hühnerbrühe
2 Tomaten
2 TL Kümmel, gemahlen
3 Zwiebeln
1 TL Salz
2 EL Butter
1 Prise Pfeffer, schwarz

Nährwerte p. P.

419 kcal
59 g Kohlenhydrate
8 g Fett
28 g Eiweiß

1 Pellen Sie die Zwiebeln und schneiden Sie sie in kleine Würfel. Geben Sie die Linsen in ein Küchensieb und spülen Sie sie gründlich ab. Waschen Sie die Tomaten und schneiden Sie sie in Viertel. Pellen Sie den Knoblauch und pressen Sie ihn in ein kleines Schälchen.

2 Füllen Sie 2 Liter Hühnerbrühe in einen Topf und kochen Sie sie einmal auf. Geben Sie die halbe Menge der gewürfelten Zwiebeln, den gepressten Knoblauch, die Linsen und die Tomatenviertel hinein. Rühren Sie die Zutaten einmal um und köcheln die Suppe für etwa 45 Minuten bei mittlerer Temperatur.

3 In der Zwischenzeit erhitzen Sie einen halben Esslöffel Butter in einer Pfanne und braten die restlichen Zwiebeln darin an.

4 Nach der Kochzeit schmecken Sie die Suppe mit Salz und Kümmel ab. Geben Sie zum Servieren die gebratenen Zwiebelwürfel sowie die restliche Butter über die Suppe.

FLADENBROT

8 Port. 20 Min. Leicht

Zutaten

150 ml Wasser
150 ml Milch
500 g Mehl
50 g Joghurt
2 EL Butterschmalz (Ghee)
1 Ei
1 TL Zucker
1 Pck. Backpulver
1 TL Salz

Nährwerte p. P.

262 kcal
47 g Kohlenhydrate
4 g Fett
8 g Eiweiß

1 Vermischen Sie das Mehl mit dem Backpulver. Anschließend geben Sie das Ei, den Joghurt, das Wasser, die Milch, das Butterschmalz, das Salz sowie den Zucker dazu und verkneten alle Zutaten zu einem geschmeidigen Teig.

2 Decken Sie die Rührschüssel ab und stellen Sie sie für kurze Zeit beiseite.

3 In der Zwischenzeit heizen Sie den Backofen auf 250 °C Ober- und Unterhitze vor und belegen ein Blech mit Backpapier.

4 Teilen Sie den Teig in 8 tennisballgroße Stücke. Formen Sie die Teigstücke zu Bällen und rollen Sie jedes einzelne Stück länglich aus. Sie sollten etwa eine Größe von 15 × 7 cm erreichen.

5 Backen Sie die Teiglinge für etwa 10 bis 15 Minuten, bis sie eine goldbraune Farbe angenommen haben.

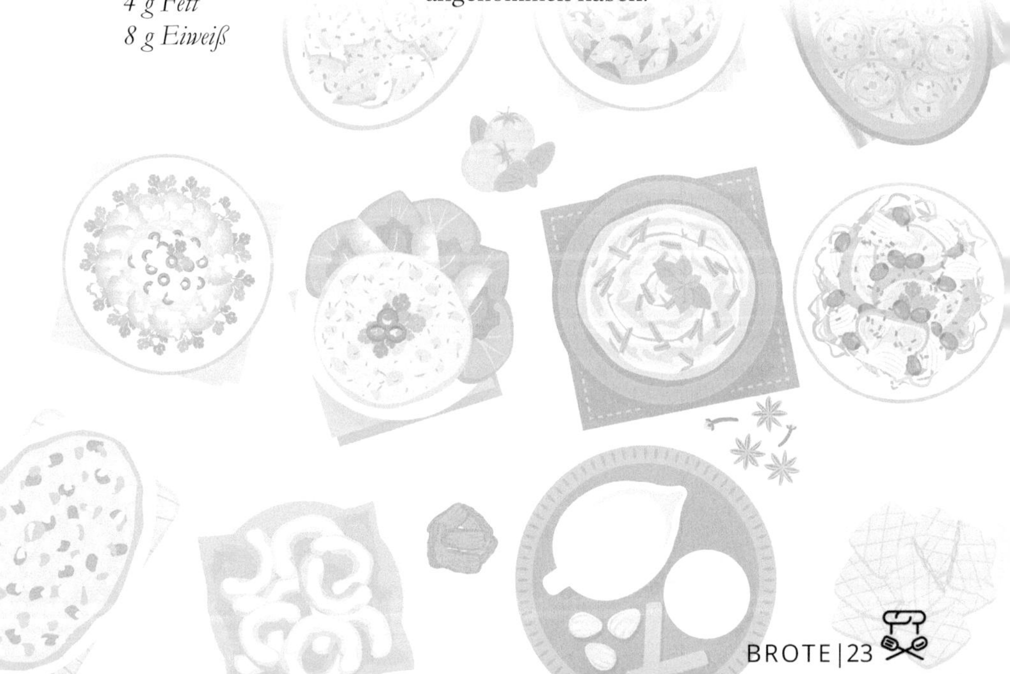

AISH BALADI *(ÄGYPTISCHES FLADENBROT)*

4 Port. | 2 Std. 45 Min. | Leicht

Zutaten

100 g Weizenkleie
1 Pck. Trockenhefe
500 g Mehl, Type 405
½ TL Zucker
1 TL Salz
Wasser, lauwarm

Nährwerte pro 100 g:

336 kcal
70 g Kohlenhydrate
1 g Fett
10 g Eiweiß

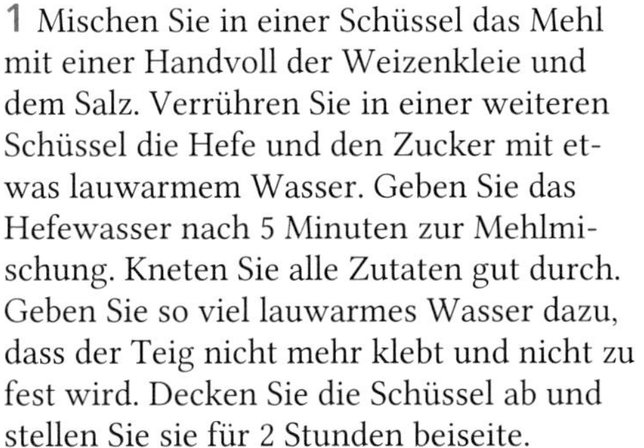

1 Mischen Sie in einer Schüssel das Mehl mit einer Handvoll der Weizenkleie und dem Salz. Verrühren Sie in einer weiteren Schüssel die Hefe und den Zucker mit etwas lauwarmem Wasser. Geben Sie das Hefewasser nach 5 Minuten zur Mehlmischung. Kneten Sie alle Zutaten gut durch. Geben Sie so viel lauwarmes Wasser dazu, dass der Teig nicht mehr klebt und nicht zu fest wird. Decken Sie die Schüssel ab und stellen Sie sie für 2 Stunden beiseite.

2 Nach der Ruhezeit bestäuben Sie Ihre Hände mit etwas Mehl und formen kleine Kugeln aus dem Teig. Verteilen Sie die Weizenkleie auf einem flachen Teller und legen Sie die Teigkugeln darauf, sodass nur die Unterseite mit Weizenkleie in Berührung kommt.

3 Bestäuben Sie nun eine geeignete Arbeitsfläche mit Weizenkleie. Legen Sie die Teigkugeln darauf und drücken Sie sie vorsichtig platt. Es soll ein Fladen entstehen, der etwa 0,5 cm dick ist.

4 Backen Sie das Brot vorzugsweise in einem arabischen Ofen. Sollte ein solches Gerät nicht zur Verfügung stehen, können Sie es auch im Backofen backen. Diesen heizen Sie auf 250 °C vor. Wenn die Brote ballonartig aufgegangen sind, können Sie sie wieder herausnehmen.

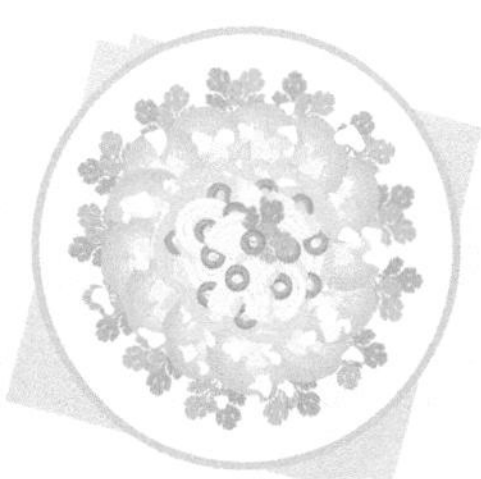

GRIEẞBROT

4 Port. 30 Min. Leicht

Zutaten

100 g Butter, weich
250 ml Wasser
400 g Grieß
50 g Zucker
½ TL Salz

Nährwerte p. P.

596 kcal
85 g Kohlenhydrate
22 g Fett
12 g Eiweiß

1 Geben Sie den Grieß, den Zucker und das Salz in eine Rührschüssel und vermischen Sie alle Zutaten miteinander.

2 Anschließend fügen Sie nach und nach das Wasser und die weiche Butter dazu. Rühren Sie alles gut durch, bis Sie einen weichen Teig erhalten.

3 Zerteilen Sie den Teig in 4 Portionen und formen Sie Kugeln daraus.

4 Drücken Sie jede Kugel zu einem etwa 1 cm dicken Fladen flach.

5 Backen Sie die Fladen in einer Pfanne ohne Fettzugabe bei niedriger Hitze für etwa 5 bis 10 Minuten von beiden Seiten aus. Das Grießbrot wird warm als Beilage serviert.

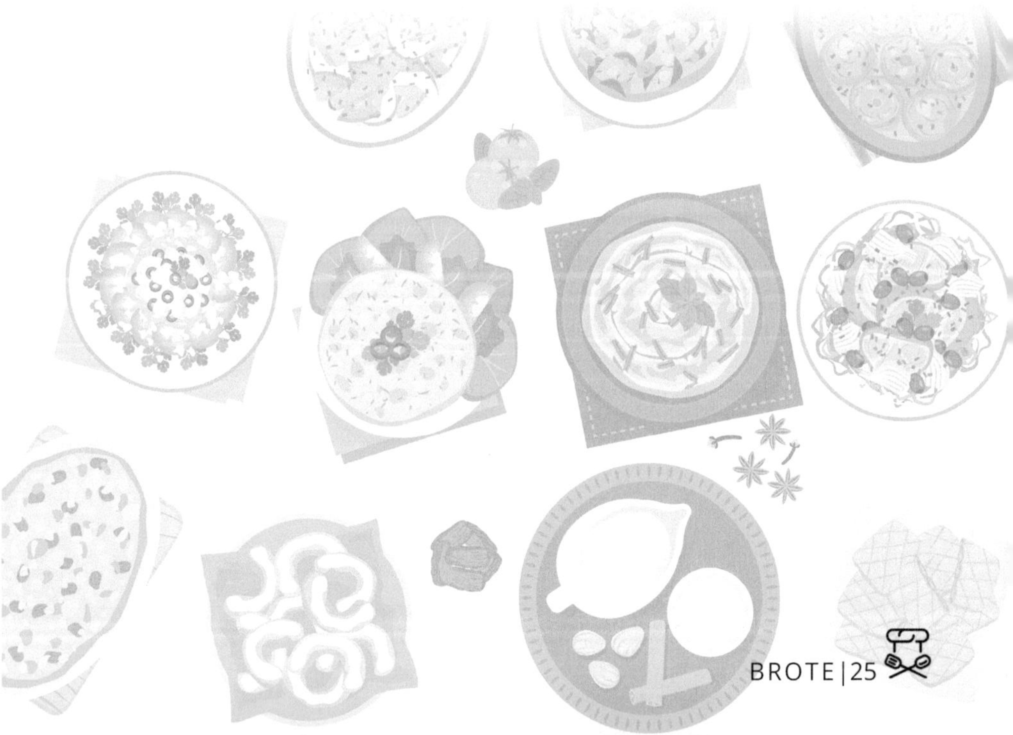

Vorspeisen

TAMEIJA *(ÄGYPTISCHE FALAFEL)*

6 Port. | 25 Min. + Einweichzeit | Mittel

Zutaten

8 Knoblauchzehen
2 TL Sesam
½ TL Chilipulver u. Kreuzkümmel
900 g Bohnen, braun und getrocknet
1 Bund Petersilie
1 Bund Lauchzwiebeln
1 Msp. Backpulver
1 Bund Dill
2 Zwiebeln
1 Bund Koriander (alternativ 1 TL Koriandersamen)
etwas Öl
1 Prise Salz
1 Prise Pfeffer

Nährwerte p. P.

208 kcal
15 g Kohlenhydrate
2 g Fett
12 g Eiweiß

1 Weichen Sie die Bohnen über Nacht ein. Anschließend schälen Sie sie und zerkleinern sie mit einem Pürierstab oder Universalzerkleinerer zu einem Brei.

2 Säubern Sie alle Kräuterarten und zerkleinern Sie sie. Pellen Sie die Zwiebeln und schneiden Sie sie in kleine Würfel. Pellen Sie den Knoblauch und pressen Sie ihn in eine kleine Schale. Zerkleinern Sie die Lauchzwiebeln zu kleinen Würfeln.

3 Geben Sie alle Zutaten sowie das Backpulver mit dem Bohnenbrei in eine Rührschüssel und vermengen Sie alles gut miteinander. Anschließend pürieren Sie alles noch einmal gut durch. Zum Schluss fügen Sie die Gewürze dazu und rühren sie unter den Brei.

4 Stechen Sie nun kleine Kugeln mit einem Löffel aus dem Brei und drücken Sie sie etwas flach. Streuen Sie etwas Sesam darüber.

5 Erhitzen Sie eine ausreichende Menge Öl in einem Topf und braten Sie die Falafel schwimmend darin aus, bis die Kräuter nicht mehr sichtbar sind.

Tipp: Wenn Sie eine größere Menge des Falafel-Breis zubereitet haben, können Sie diesen auch für ca. 6 Monate einfrieren. Aus einer Portion von 300 g können Sie etwa 10 Falafeln zubereiten.
Sie können dieses Rezept erheblich abwandeln, indem Sie andere Zutaten und Mengen verwenden oder diese einfach auch weglassen. Nur das Grundrezept, bestehend aus den Bohnen, der Petersilie und dem Dill, muss beibehalten werden.

HOMMUS *(KICHERERBSENMUS)*

1 Port.

60 Min. + Einweichzeit

Leicht

Zutaten

150 g Tahini
1 Bund Petersilie
1 TL Paprikapulver, edelsüß
250 g Kichererbsen, getrocknet (alternativ eine Konserve)
3 Zitronen (Saft)
3 Knoblauchzehen
5 EL Olivenöl
1 Prise Salz
1 Prise Kreuzkümmel

Nährwerte p. P.

307 kcal
21 g Kohlenhydrate
20 g Fett
11 g Eiweiß

1 Weichen Sie die Kichererbsen über Nacht ein. Für die Zubereitung gießen Sie das Wasser ab und kochen die Erbsen für etwa 45 Minuten. Sie sollen sehr weich werden. Danach können Sie ganz einfach die Schale der Kichererbsen entfernen.

2 Während der Kochzeit pellen Sie den Knoblauch und pressen ihn in eine Rührschüssel. Pressen Sie den Saft aus den Zitronen.

3 Nachdem Sie die Schalen von den Erbsen entfernt haben, pürieren Sie sie zu einem Brei. Geben Sie den Knoblauch, das Tahini sowie den Zitronensaft dazu und mischen alles gut durch. Würzen Sie mit dem Kreuzkümmel und dem Salz.

4 Zwischendurch spülen Sie die Petersilie ab und hacken sie in feine Stücke. Mischen Sie sie in das Kichererbsenmus. Um eine cremige Konsistenz zu erhalten, fügen Sie eventuell noch etwas Wasser hinzu.

5 Richten Sie das Hommus in einer Schale an. Rühren Sie das Paprikapulver in das Olivenöl und geben es über das Hommus.

Tipp: Servieren zu dieser Speise ein frisches ägyptisches Fladenbrot.

MASHI WARA AINAB *(GEFÜLLTE WEINBLÄTTER)*

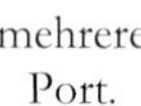

mehrere Port.

60 Min. + 30 Min. für Füllung

Leicht

Zutaten

Weinblätter nach Bedarf (frisch, TK oder eingelegt)

Füllung:
Rezept siehe Kapitel „Dips“

Nährwerte

pro Weinblatt:

5 kcal
1 g Kohlenhydrate
0 g Fett
0 g Eiweiß

pro 100 g Mashi:

162 kcal
32 g Kohlenhydrate
1 g Fett
7 g Eiweiß

1 Bereiten Sie die Füllung, das Mashi, vor.

2 Legen Sie ein Weinblatt auf eine gerade Oberfläche. Die hellere Seite mit den Blattadern zeigt nach oben.

3 Geben Sie einen gut gefüllten Teelöffel der Füllung an den unteren Rand des Blattes und drücken Sie sie etwas an.

4 Legen Sie nun den unteren Rand über den Reis. Anschließend klappen Sie die linke und die rechte Seite des Weinblattes zur Mitte. Nun rollen Sie von der unteren Seite beginnend das Blatt wie eine Zigarre auf.

5 Füllen Sie etwas Öl in einen Topf und geben Sie als Unterlage entweder klein geschnittene Tomaten, Zwiebeln oder Kräuterstiele hinein, um ein Anbrennen der Weinblätter zu verhindern.

6 Legen Sie die gerollten Weinblätter so eng wie möglich in den Topf. Wenn der Boden bedeckt ist, schichten Sie sie übereinander.

7 Haben Sie alle Weinblätter verarbeitet, legen Sie einen hitzebeständigen Teller mit der Unterseite nach oben zeigend in den Topf. So verhindern Sie, dass der Reis beim Kochen herausquillt.

8 Gießen Sie heiße Brühe über die Weinblätter. Sie sollen allerdings nicht komplett bedeckt werden. Köcheln Sie die Blätter für etwa 20 bis 25 Minuten bei niedriger Temperatur.

9 Nach der Kochzeit stürzen Sie die Weinblätter auf einen Servierteller und träufeln etwas Zitronensaft darüber.

FALAFEL *(ÄGYPTISCHE FALAFEL AUS KICHERERBSEN)*

4 Port.

30 Min. + Einweichzeit

Leicht

Zutaten

2 - 4 Knoblauchzehen
1 Zwiebel
400 g Kichererbsen, getrocknet (alternativ eine große Dose + als Bindemittel Kichererbsenmehl oder Semmelbrösel)
1 TL Salz
½ TL Natron
1 TL Kreuzkümmel, gemahlen
½ TL Koriander, gemahlen
1 Handvoll Kräuter
etwas Öl zum Braten

Nährwerte p. P.

246 kcal
30 g Kohlenhydrate
7 g Fett
11 g Eiweiß

1 Weichen Sie die Kichererbsen für mindestens 12 Stunden in kaltem Wasser ein. Alternativ können Sie auch Kichererbsen aus der Dose verwenden. Diese kochen Sie zur weiteren Verarbeitung weich und entfernen (falls vorhanden) die Schalen.

2 Zur Zubereitung gießen Sie die Kichererbsen ab und spülen sie noch einmal gut durch. Zerkleinern Sie sie in einem geeigneten Mixer.

3 Spülen Sie die Kräuter ab und hacken Sie sie in kleine Stücke. Pellen Sie die Zwiebel und den Knoblauch und schneiden Sie beides in kleine Stücke.

4 Geben Sie nun alle Zutaten zu den Kichererbsen und vermischen Sie alles zu einem Brei. Ist der Teig zu trocken geworden, geben Sie etwas Wasser aus der Konserve dazu. Ist er zu weich, geben Sie etwas Kichererbsenmehl oder Semmelbrösel dazu. Er soll sich gut formen lassen.

5 Stellen Sie den Brei abgedeckt für etwa 30 Minuten in den Kühlschrank. Anschließend formen Sie daraus kleine Bällchen. Sie können diese auch etwas flach drücken.

6 Braten Sie die Falafeln in einer Pfanne mit ausreichend Öl für 2 bis 3 Minuten von jeder Seite. Sie sollen eine goldbraune Farbe annehmen. Sie können sie auch in einer Fritteuse frittieren.

Tipp: Sie können Falafeln auch als komplettes Gericht mit Salat, Hummus, Fladenbrot und Tahina servieren.

Hauptgerichte mit Fleisch & Geflügel

ÄGYPTISCHE REISPFANNE

4 Port. 60 Min. Leicht

Zutaten

1 Zwiebel
3 Hähnchenbrustfilets
1 Paprika, grün
1 Paprika, rot
1 Paprika, gelb
1 EL Öl
1 TL Chili
2 Beutel Reis
3 TL Curry
1 Prise Paprikapulver, edelsüß
1 Prise Salz
1 Prise Pfeffer

Nährwerte p. P.

530 kcal
58 g Kohlenhydrate
9 g Fett
50 g Eiweiß

1 Pellen Sie die Zwiebel und schneiden Sie sie in kleine Würfel. Säubern Sie die Paprika. Entfernen Sie die Kerne und schneiden Sie sie in kleine Würfel. Schneiden Sie das Fleisch in Würfel oder in Streifen.

2 Kochen Sie den Reis in reichlich Salzwasser gar. Geben Sie dem Kochwasser das Currypulver hinzu.

3 Währenddessen erhitzen Sie das Öl in einer Pfanne und braten das Fleisch darin an. Geben Sie anschließend die Paprika und die Zwiebeln dazu und erhitzen Sie alle Zutaten bei hoher Temperatur.

4 Geben Sie nach der Garzeit den Reis in die Pfanne und vermischen Sie alle Zutaten miteinander. Zum Schluss würzen Sie die Speise mit dem Paprikapulver, dem Chili, dem Salz und dem Pfeffer.

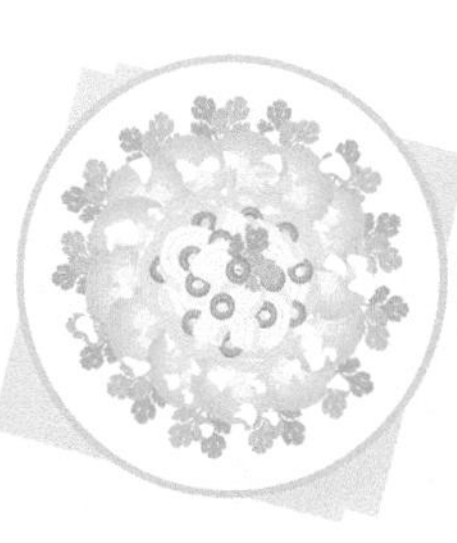   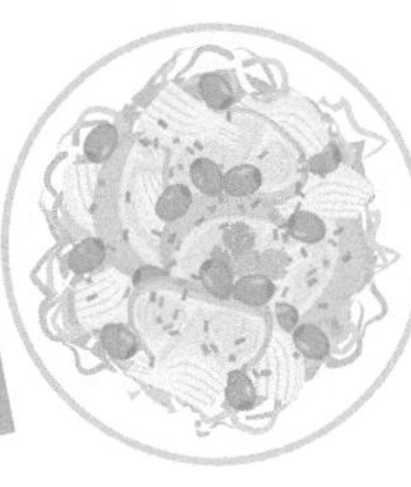

GEFÜLLTE AUBERGINEN

4 Port. 60 Min. Leicht

Zutaten

200 g Lammhackfleisch
8 lange, schmale Auberginen
1 Bund Petersilie
400 g Reis, gekocht
1 Knoblauchzehe
1 Zitrone
1 Zwiebel
4 Tomaten
3 EL Öl
1 Msp. Schwarzkümmel
1 Prise Adiowan, zerstoßen
100 ml Gemüsebrühe
1 Prise Pfeffer
1 Prise Salz

Nährwerte p. P.

365 kcal
43 g Kohlenhydrate
10 g Fett
19 g Eiweiß

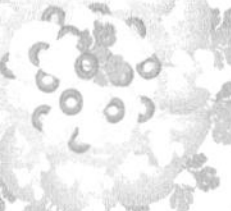

1 Schälen Sie die Auberginen dünn ab und schneiden Sie in der Länge einen schmalen Keil heraus. Höhlen Sie sie mit einem Löffel aus. Schneiden Sie das herausgeholte Fruchtfleisch in kleine Stücke. Pellen Sie den Knoblauch und die Zwiebel und schneiden Sie beides in kleine Würfel. Kochen Sie den Reis, bis er gar ist.

2 Erhitzen Sie 2 Esslöffel Öl in einer Pfanne und dünsten die Zwiebel, den Knoblauch und die Auberginenwürfel darin an. Nehmen Sie die Zutaten aus der Pfanne und geben die restliche Menge Öl hinein.

3 Braten Sie das Hackfleisch darin an, bis es krümelig wird. Würzen Sie es mit dem Adiowan und dem Schwarzkümmel. Anschließend geben Sie die Zwiebelmischung und den gekochten Reis dazu und braten alle Zutaten für etwa 2 bis 3 Minuten.

4 Spülen Sie die Petersilie ab und hacken Sie sie in grobe Stücke. Übergießen Sie die Tomaten mit heißem Wasser und entfernen Sie die Haut. Halbieren Sie sie und entfernen Sie die Kerne. Das Fruchtfleisch schneiden Sie in Würfel. Pressen Sie die Zitrone aus.

5 Geben Sie alle Zutaten in die Hackfleisch-Reismischung und schmecken Sie sie mit Salz und Pfeffer ab.

6 Heizen Sie den Backofen auf 180 °C mit Umluftfunktion vor.

7 Legen Sie die Auberginen in eine Auflaufform und füllen Sie sie mit der Hackmasse. Gießen Sie die Brühe dazu und decken Sie die Form mit Alufolie ab. Garen Sie die Auberginen für etwa 20 bis 30 Minuten.

ÄGYPTISCHER KARTOFFELAUFLAUF

2 Port. 50 Min. Leicht

Zutaten

250 ml Hühnerbrühe
2 EL Olivenöl
4 Kartoffeln
2 EL Tomatenmark
2 Tomaten
1 TL Zucker
2 Knoblauchzehen
2 Zwiebeln
1 Prise Curry

Nährwerte p. P.

344 kcal
41 g Kohlenhydrate
16 g Fett
6 g Eiweiß

1 Pellen Sie die Zwiebeln und den Knoblauch. Halbieren Sie die Zwiebeln und schneiden Sie sie in Ringe. Den Knoblauch hacken Sie in feine Stücke. Schälen Sie die Kartoffeln und schneiden Sie sie in Scheiben. Waschen Sie die Tomaten und schneiden Sie auch diese in Scheiben.

2 Erhitzen Sie das Öl in einer Pfanne und braten Sie die Zwiebeln und den Knoblauch darin an. Füllen Sie anschließend das Tomatenmark und die Gewürze sowie den Zucker dazu und braten alles für etwa 2 Minuten.

3 Nun geben Sie die Hühnerbrühe und die Kartoffelscheiben dazu. Köcheln Sie die Zutaten für etwa 10 Minuten bei mittlerer Temperatur.

4 Heizen Sie den Backofen auf 220 °C mit Umluftfunktion vor.

5 Füllen Sie anschließend den Inhalt der Pfanne in eine Auflaufform und verteilen die in Scheiben geschnittenen Tomaten darauf.

6 Garen Sie den Kartoffelauflauf für etwa 20 Minuten im Backofen.

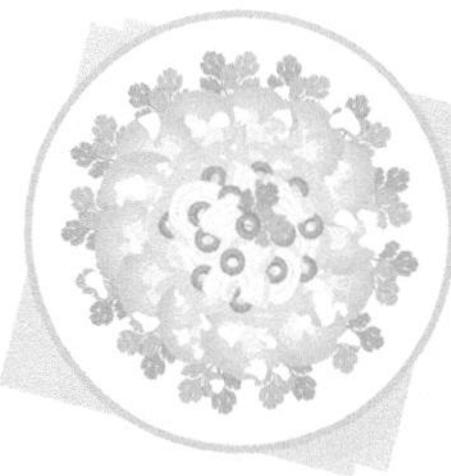
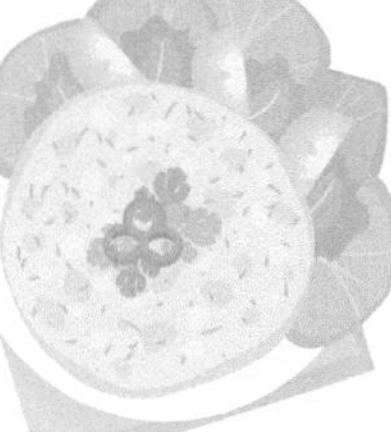

FATTAH *(REIS MIT BROT UND FLEISCH)*

4 Port.

30 Std.
20 Min.

Schwer

Zutaten

Fleischbrühe:
1 Lorbeerblatt
½ TL Baharat (Gewürzmischung)
2 Zwiebeln
700 g Rindersuppenfleisch
1 Prise Kreuzkümmel
1 Prise Salz
1 Prise Kardamom, gemahlen
etwas Butter zum Anbraten

Brot:
4 Scheiben arabisches Brot
1 EL Rapsöl
1 Prise Knoblauch, gemahlen
1 Prise Salz

Tomatensalsa:
350 g Tomaten, gehackt aus der Dose
1 EL Tomatenmark
6 Knoblauchzehen
½ TL Kreuzkümmel
4 EL Essig
1 Prise Pfeffer
1 Prise Salz
etwas Öl zum Anbraten

Reis:
1 Becher Fadennudeln
1 EL Margarine
2 Becher Parboiled Reis
3 Becher Rinderbrühe (Kochsud vom Fleisch)
2 EL Rapsöl
1 TL Salz
1 Becher Wasser

Fleischbrühe:

1 Pellen Sie die Zwiebel und halbieren Sie sie. Erhitzen Sie etwas Butter in einer Pfanne und braten Sie darin das Fleisch nacheinander an. Geben Sie es in einen Topf und füllen Sie so viel Wasser auf, dass alles damit bedeckt ist. Fügen Sie die Zwiebel und die Gewürze sowie das Lorbeerblatt hinzu und köcheln Sie die Zutaten für etwa 1,5 Stunden.

Brot:

1 In der Zwischenzeit zupfen Sie das Brot in grobe Stücke und verteilen es auf einem mit Backpapier ausgelegten Blech. Würzen Sie es mit dem Salz und dem Knoblauchpulver und träufeln Sie etwas Öl darüber. Vermischen Sie alle Zutaten miteinander.

2 Heizen Sie den Backofen auf 200 °C mit Umluftfunktion vor und rösten Sie das Brot, bis es eine goldbraune Farbe angenommen hat.

Tomatensalsa:

1 Pellen Sie die Knoblauchzehen und pressen Sie sie in einen Topf mit etwas Öl. Braten Sie den Knoblauch an und geben Sie den Essig dazu. Fügen Sie anschließend die Tomaten aus der Dose und das Tomatenmark hinzu. Würzen Sie alles mit dem Pfeffer, dem Salz und dem Kreuzkümmel. Kochen Sie die Zutaten einmal kurz auf.

2 Nehmen Sie nach der Kochzeit das Fleisch aus dem Topf und legen es zur Salsa in den Topf. Garen Sie es in der Soße weiter.

Nährwerte p. P.

190 kcal
5 g Kohlenhydrate
15 g Fett
9 g Eiweiß

Reis:

1 Waschen Sie den Reis gründlich ab. Stellen Sie ihn zum Abtropfen beiseite.

2 Erhitzen Sie in einem Topf das Öl und die Margarine und braten Sie die Fadennudeln darin an.

3 Geben Sie den Reis dazu und löschen alles mit der Brühe und dem Wasser ab. Würzen Sie den Reis mit etwas Salz.

4 Kochen Sie den Reis einmal auf und reduzieren dann die Hitze auf die niedrigste Einstellung. Der Reis ist gar, wenn die Flüssigkeit „verkocht" ist. Rühren Sie NICHT um.

Fertigstellung:

1 Platzieren Sie das Brot auf einem Anrichteteller. Verteilen Sie etwas vom Kochsud des Fleisches darüber und geben dann den Reis auf das Brot. Anschließend füllen Sie einen Teil der Soße auf den Reis. Nun legen Sie die Fleischstücke darauf und geben dann den Rest der Soße darauf.

KOFTA *(ÄGYPTISCHE HACKBÄLLCHEN)*

4 Port.

30 Min.

Leicht

Zutaten

500 g Rinderhackfleisch
4 EL Paniermehl
3 EL Öl
1 TL Currypulver
2 TL Senf
1 Zwiebel
4 EL Milch
4 Stiele Minze
1 Ei
1 Prise Salz
1 Prise Pfeffer
1 Prise Kreuzkümmel
½ Salatgurke
200 g Sahnejoghurt
1 Knoblauchzehe
1 Prise Pfeffer
1 Prise Salz

Nährwerte p. P.

460 kcal
12 g Kohlenhydrate
30 g Fett
36 g Eiweiß

1 Pellen Sie die Zwiebel und schneiden Sie sie in kleine Würfel. Spülen Sie die Minze ab und hacken Sie die Blätter von 3 Stielen zu feinen Stücken.

2 Geben Sie das Hackfleisch in eine Schüssel und mischen Sie es mit den Zwiebelwürfeln, der gehackten Minze, dem Ei, der Milch, dem Senf und dem Paniermehl gründlich durch. Anschließend würzen Sie es mit dem Pfeffer, dem Salz sowie dem Kreuzkümmel und dem Currypulver. Anschließend formen Sie aus dem Hackteig etwa 20 gleich große Bällchen.

3 Erhitzen Sie das Öl in einer Pfanne und braten Sie die Hackbällchen für etwa 10 Minuten. Drehen Sie sie dabei immer wieder auf eine andere Seite, damit sie eine gleichmäßige Bräune erhalten.

4 Säubern Sie in der Zwischenzeit die Gurke und raspeln Sie sie mithilfe einer geeigneten Reibe. Pressen Sie die Flüssigkeit aus der Gurke heraus. Pellen Sie die Knoblauchzehe und hacken Sie sie in feine Stücke. Alternativ können Sie sie auch durch eine Knoblauchpresse drücken.

5 Geben Sie den Joghurt in eine Rührschüssel und mischen Sie die geraspelte Gurke und den Knoblauch dazu. Schmecken Sie den Dip mit Salz und Pfeffer ab.

6 Zum Servieren geben Sie die restlichen Minzblätter über den Joghurt-Dip.

FOSSOLIA *(GRÜNE BOHNEN MIT FLEISCH)*

4 Port.

60 Min.

Leicht

Zutaten

2 Tomaten
2 EL Tomatenmark
400 g Rindfleisch
1 Chili, grün
750 g grüne Bohnen, frisch oder TK
1 Zwiebel
1 Knoblauchzehe
1 Prise Salz
1 Prise Pfeffer
1 Prise Kreuzkümmel
etwas Öl
etwas Wasser oder Brühe

Nährwerte p. P.

247 kcal
10 g Kohlenhydrate
6 g Fett
34 g Eiweiß

1 Pellen Sie die Zwiebel und den Knoblauch und schneiden Sie beides in feine Stücke. Säubern Sie die Bohnen und schneiden Sie sie in 2 bis 3 Zentimeter große Stücke.

2 Erhitzen Sie das Öl in einem ausreichend großen Topf und geben Sie die Bohnen hinein. Braten Sie sie unter Rühren kurz an. Fügen Sie die Zwiebeln, die klein geschnittene Chilischote und den Knoblauch dazu und braten Sie diese mit an.

3 Säubern Sie in der Zwischenzeit die Tomaten und überbrühen Sie sie mit heißem Wasser, damit Sie die Haut entfernen können. Schneiden Sie die Tomaten in ganz kleine Stücke oder pürieren Sie sie. Geben Sie die Tomaten und das Tomatenmark in den Topf und würzen Sie die Speise mit Salz, Pfeffer und Kreuzkümmel.

4 Gießen Sie etwas Wasser oder Brühe auf, bis alle Zutaten etwa 1 cm damit bedeckt sind. Kochen Sie alles einmal kurz auf.

5 Nun geben Sie das Fleisch in den Topf und köcheln alles für etwa 40 Minuten gar.

HÄHNCHENBRUST MIT NUDELN

2 Port. 45 Min. Leicht

Zutaten

2 Hähnchenbrustfilets
½ - 1 TL Salz
½ - 1 EL Baharat (Gewürzmischung, Rezept in diesem Kochbuch)
250 g Fadennudeln
1 Handvoll Rosinen
1 EL Butter
1 EL Öl
etwas kochendes Wasser

Nährwerte p. P.

858 kcal
108 g Kohlenhydrate
17 g Fett
66 g Eiweiß

1 Geben Sie das Öl und die Butter in einen Topf und erhitzen Sie die Fette. Fügen Sie die Nudeln dazu und braten Sie sie unter Rühren an. Sie sollen eine goldbraune Farbe annehmen.

2 Anschließend geben Sie die Rosinen und die Gewürzmischung in den Topf und gießen so viel heißes Wasser dazu, bis die Nudeln gerade bedeckt sind. Nehmen Sie nicht zu viel Wasser, denn dann wird alles nur ein unansehnlicher Klumpen.

3 Köcheln Sie die Nudeln mit Deckel für wenige Minuten.

4 In der Zwischenzeit schneiden Sie das Fleisch in kleine Stücke und braten es mit etwas Baharat in einer Pfanne gar. Geben Sie es über die fertigen Nudeln.

5 Wenn Sie doch gerne Innereien verwenden möchten, schneiden Sie die Hähnchenmägen klein und kochen sie in einem Topf, bis das Wasser verkocht ist. Diesen Schritt wiederholen Sie dreimal. Anschließend geben Sie die Hähnchenherzen und die Hähnchenleber dazu und kochen alle Zutaten gar. Würzen Sie die Innereien mit Salz und vermischen Sie sie mit den Nudeln.

Tipp: Das Originalrezept wird mit Innereien vom Geflügel gemacht. Dieses ist mit Hähnchenbrust für Europäer sicher bekömmlicher.

RINDFLEISCH-ORANGEN-SCHMORTOPF

4 Port.

2 Std. 30 Min.

Leicht

Zutaten

5 EL Oliven, grün
3 Orangen
1 kg Rindfleisch
1 l Wasser
3 Zwiebeln
3 EL Olivenöl
1 Msp. Kardamom
1 TL Zitronenschale, gerieben
1 Prise Salz
1 Prise Pfeffer

Nährwerte p. P.

444 kcal
15 g Kohlenhydrate
20 g Fett
49 g Eiweiß

1 Schneiden Sie das Rindfleisch in kleine Würfel. Schälen Sie die Orangen und schneiden Sie das Fruchtfleisch in kleine Stücke. Pellen Sie die Zwiebeln und schneiden Sie sie in Ringe.

2 Erhitzen Sie das Öl in einem ausreichend großen Topf und braten Sie die Zwiebeln darin an. Geben Sie anschließend das Fleisch dazu und braten es ebenfalls an. Füllen Sie nun etwa 1 Liter Wasser auf und köcheln das Fleisch bei niedriger Temperatur für etwa 1,5 Stunden.

3 Nach der Kochzeit geben Sie die Orangen, die Zitronenschale und die Gewürze sowie die Oliven dazu und köcheln alles für weitere 30 Minuten.

4 Nach Belieben können Sie die Flüssigkeit mit einem Soßenbinder andicken.

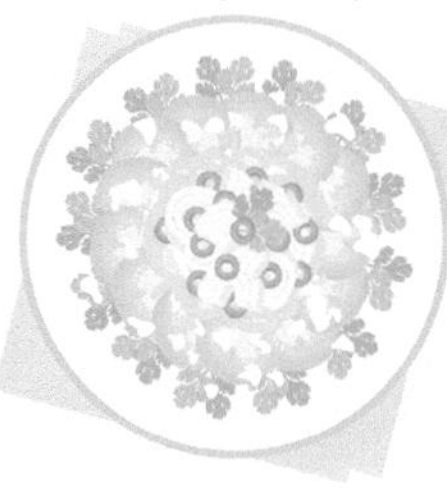

SOGO *(WURST IN SOẞE)*

4 Port.

60 Min.

Leicht

Zutaten

3 Tomaten
3 Knoblauchzehen
1 Zwiebel
1 Chili
1 TL Tomatenmark
500 g ägyptische Rindswürstchen
1 Paprika, grün
etwas Öl
etwas Butter
1 Prise Salz
1 Prise Pfeffer
1 Msp. Kreuzkümmel

Nährwerte p. P.

498 kcal
6 g Kohlenhydrate
40 g Fett
27 g Eiweiß

1 Pellen Sie die Zwiebel und schneiden Sie sie in kleine Würfel. Pellen Sie den Knoblauch und pressen Sie ihn in eine kleine Schale. Säubern Sie die Paprika, entkernen Sie sie und schneiden Sie sie in kleine Würfel. Schneiden Sie ebenfalls die Tomaten in kleine Würfel. Säubern Sie die Chilischote und schneiden Sie sie in kleine Stücke.

2 Erhitzen Sie etwas Öl und etwas Butter in einer Pfanne und braten Sie die Würstchen darin an, bis sie ein wenig braun werden. Nehmen Sie sie aus der Pfanne heraus.

3 Geben Sie anschließend die Zwiebeln in die Pfanne und braten Sie sie etwas an. Fügen Sie den Knoblauch, die Paprika und die Chilischote hinzu und rühren alles gut durch. Braten Sie die Zutaten für ein paar Minuten an.

4 Nun rühren Sie das Tomatenmark darunter und geben die Tomatenstücke dazu. Köcheln Sie die Zutaten für etwa 5 bis 10 Minuten, bis eine Soße entsteht. Rühren Sie immer wieder um.

5 Zum Schluss würzen Sie die Soße mit Salz, Pfeffer und dem Kreuzkümmel. Schneiden Sie die Würstchen in mundgerechte Stücke und geben Sie diese zur Soße.

BOHNENEINTOPF

4 Port. | 3 Std. 30 Min. | Leicht

Zutaten

für die Brühe:

500 g Rindfleisch (Beinscheibe oder Suppenfleisch)
1.500 ml Wasser
1 Zwiebel, groß
1 EL Olivenöl

für den Eintopf:

500 g Bohnen, grün
2 Möhren
1 Zwiebel
3 EL Tomatenmark
125 g Kartoffeln
1 EL Olivenöl
1 Prise Pfeffer
1 Prise Salz

Nährwerte p. P.

427 kcal
17 g Kohlenhydrate
25 g Fett
30 g Eiweiß

1 Pellen Sie die Zwiebel für die Brühe und schneiden Sie sie in Viertel.

2 Erhitzen Sie das Olivenöl in einem ausreichend großen Topf und braten Sie die Zwiebel darin an. Geben Sie das Rindfleisch dazu und braten es ebenfalls an. Füllen Sie das Wasser auf und köcheln die Suppe bei mittlerer Temperatur für etwa 2 bis 3 Stunden.

3 Währenddessen schälen Sie die Kartoffeln und schneiden sie in Würfel. Säubern Sie die Bohnen und schneiden Sie sie in Stücke. Pellen Sie die Zwiebel und hacken Sie sie in feine Stücke. Waschen Sie die Möhren und schneiden Sie sie in Scheiben.

4 Nach der Kochzeit nehmen Sie das Fleisch aus der Brühe und schneiden es in mundgerechte Stücke.

5 Erhitzen Sie das Olivenöl in einem Topf und schwitzen Sie darin die Zwiebeln glasig an. Geben Sie das Tomatenmark und die Möhren dazu und braten alles kurz an. Nun fügen Sie die Rindfleischwürfel und etwa 4 Tassen der Brühe hinzu. Kochen Sie die Suppe einmal kurz auf.

6 Anschließend füllen Sie die Bohnen sowie die Kartoffeln hinein und würzen die Suppe mit Salz und Pfeffer. Köcheln Sie die Speise für weitere 30 Minuten bei niedriger Temperatur.

Hauptgerichte mit Fisch & Meeresfrüchten

SAMAK MAKLY *(GEBRATENER FISCH)*

2 Port. 2 Std. 30 Min. Leicht

Zutaten

4 Knoblauchzehen
2 Fischkoteletts oder Fischfilets (Dorade, Wolfsbarsch, Rotbarsch)
1 EL Zitronensaft
1 Zitrone
1 TK Kreuzkümmel, gemahlen
1 Bund Petersilie
etwas Mehl
etwas Olivenöl
1 Prise Salz
1 Prise Pfeffer

Nährwerte p. P.

299 kcal
11 g Kohlenhydrate
14 g Fett
31 g Eiweiß

1 Pellen Sie den Knoblauch und pressen Sie ihn in eine Rührschüssel.

2 Geben Sie den Zitronensaft, den Kreuzkümmel, das Salz und den Pfeffer dazu und mischen Sie alles gut durch.

3 Streichen Sie die Paste gleichmäßig auf den Fisch. Stellen Sie ihn für mindestens 2 Stunden zum Marinieren in den Kühlschrank.

4 Erhitzen Sie das Öl in einer Pfanne. Inzwischen wenden Sie den Fisch in dem Mehl. Braten Sie den Fisch bei mittlerer Temperatur, bis er eine knusprige Oberfläche erhält.

5 Spülen Sie die Petersilie ab und hacken Sie sie in feine Stücke. Verteilen Sie die Petersilie auf einer Servierplatte und drapieren Sie den Fisch darauf. Garnieren Sie die Speise mit Zitronenspalten.

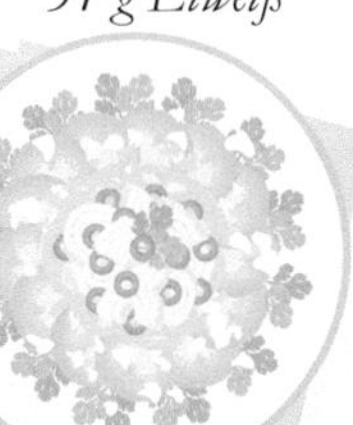

SAMAK BI L TAHINA *(FISCH MIT TAHINI)*

2 Port.

30 Min.

Leicht

Zutaten

½ Tasse Tahini
1 Bund Petersilie
1 Zitrone
2 Fischkoteletts oder Fischfilets (Dorade, Rotbarsch, Wolfsbarsch)
etwas Öl

Nährwerte p. P.

338 kcal
3 g Kohlenhydrate
20 g Fett
36 g Eiweiß

1 Spülen Sie die Petersilie ab und schneiden Sie sie in grobe Stücke.

2 Erhitzen Sie etwas Öl in einer Pfanne und braten Sie bei mittlerer Temperatur den Fisch von beiden Seiten gar. Sie können die Fischfilets oder -koteletts auch dünsten.

3 Richten Sie den Fisch auf einer Servierplatte an und streichen Sie die Tahinisoße darüber. Bestreuen Sie alles mit der Petersilie und garnieren Sie ihn mit den Zitronenspalten.

THANNEYA SAMAK *(OFENFISCH)*

4 Port. 60 Min. Leicht

Zutaten

½ TL Pfeffer, schwarz
1 TL Salz
2 TL Kreuzkümmel
1 kg Fischfilet (Rotbarsch o. Ä.)
3 Knoblauchzehen
1 Tomate
3 Zitronen, klein (Saft)
1 Paprika
1 Zwiebel
½ Bund Dill
½ Bund Petersilie
½ Bund Koriander

Nährwerte p. P.

334 kcal
8 g Kohlenhydrate
11 g Fett
50 g Eiweiß

1 Säubern Sie den Fisch. Mischen Sie den Pfeffer, den Kreuzkümmel und das Salz zusammen und würzen Sie die Fischfilets von beiden Seiten sowie von innen. Legen Sie den Fisch in eine Auflaufform.

2 Spülen Sie die Kräuter ab und geben Sie sie in einen Multizerkleinerer. Pellen Sie die Zwiebel und den Knoblauch und geben beides zu den Kräutern. Entsaften Sie die Zitronen und füllen Sie den Saft dazu. Waschen und entkernen Sie die Paprika und geben sie ebenfalls in den Zerkleinerer. Schneiden Sie die Tomate in grobe Stücke und füllen Sie sie zu den anderen Zutaten. Zerkleinern Sie alles zu einer Paste.

3 Heizen Sie den Backofen auf 175 °C mit Umluftfunktion vor. In der Zwischenzeit verteilen Sie die Paste auf den Fischfilets.

4 Garen Sie den Fisch für etwa 30 bis 40 Minuten.

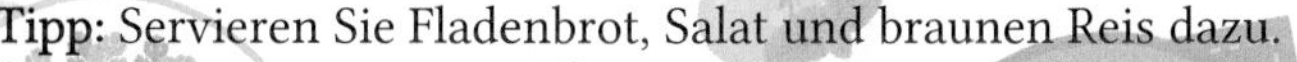

Tipp: Servieren Sie Fladenbrot, Salat und braunen Reis dazu.

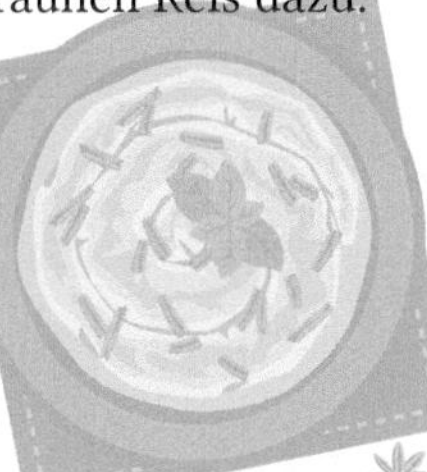
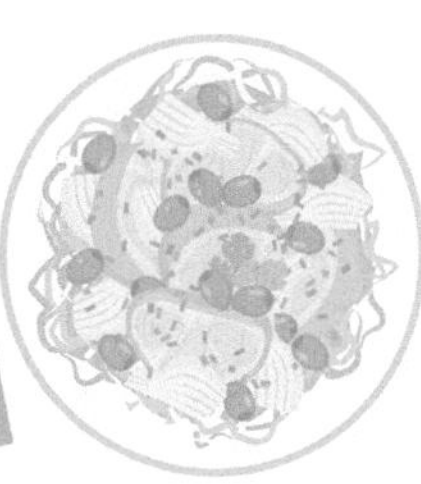

SHORBET SAMAK BAHAREYA (FISCHSUPPE)

4 Port.

45 Min.

Leicht

Zutaten

2 Zwiebeln
40 ml Zitronensaft
2 Fischfilets
8 Knoblauchzehen
½ TL Kreuzkümmel
1 l Wasser
50 ml Rapsöl
1 EL Koriander
1 TL Paprikapulver, edelsüß
2 Prisen Safranfäden

Nährwerte pro 100 g

175 kcal
1 g Kohlenhydrate
5 g Fett
0 g Eiweiß

1 Säubern Sie den Fisch und entfernen Sie eine eventuell vorhandene Haut. Schneiden Sie ihn in mundgerechte Stücke. Pellen Sie den Knoblauch und die Zwiebeln und schneiden Sie beides in kleine Stücke. Spülen Sie den Koriander ab und hacken Sie ihn in kleine Stücke. Pressen Sie den Saft aus der Zitrone.

2 Erhitzen Sie das Öl in einem Topf und braten Sie den Fisch darin kurz an. Nehmen Sie den Fisch aus der Pfanne und geben Sie die Zwiebel und den Knoblauch hinein. Braten Sie beides kurz an und geben dann das Wasser hinein. Köcheln Sie alles für etwa 20 Minuten, bis das Wasser gut einreduziert wurde.

3 Geben Sie anschließend den Fisch wieder in die Pfanne und fügen sämtliche Gewürze hinzu. Köcheln Sie die Suppe bei niedriger Temperatur für etwa 30 Minuten. Zwischendurch reiben Sie mit den Fingern den Safran hinein.

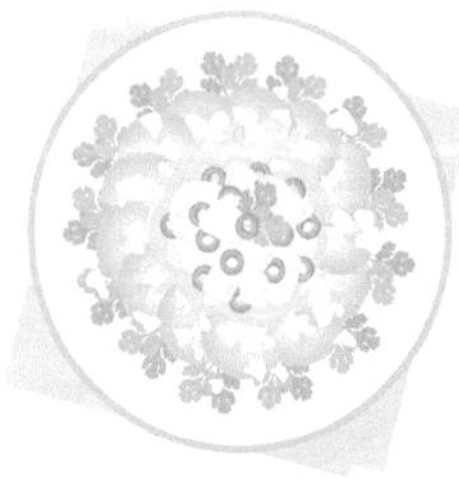

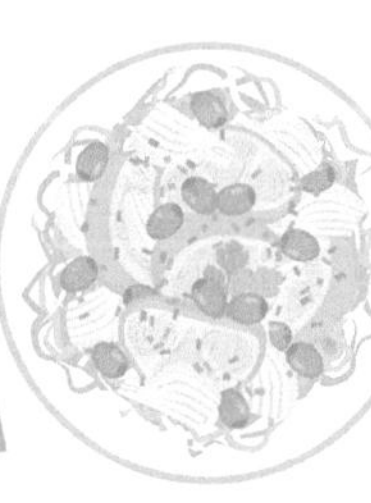

Vegetarische & vegane Hauptgerichte

WEIßER BOHNENEINTOPF

4 Port.

30 Min.

Leicht

Zutaten

400 g weiße Bohnen, Konserve
1 kl. Dose Tomaten, stückig
250 ml Gemüsebrühe
1 Zwiebel
1 EL Tomatenmark
1 Knoblauchzehe
2 EL Olivenöl
1 TL Kreuzkümmel
1 Lorbeerblatt
1 Prise Salz
1 Prise Pfeffer
1 Prise Zucker

Nährwerte p. P.

317 kcal
45 g Kohlenhydrate
9 g Fett
10 g Eiweiß

1 Spülen Sie die Bohnen in einem Küchensieb ab. Pellen Sie die Zwiebel und den Knoblauch und schneiden Sie beides in kleine Stücke.

2 Erhitzen Sie das Olivenöl in einem großen Topf und dünsten Sie darin die Zwiebel und den Knoblauch an. Geben Sie den Kreuzkümmel dazu und braten Sie alles für etwa 1 Minute weiter an.

3 Geben Sie alle anderen Zutaten, außer die Bohnen, dazu und kochen alles für etwa 10 Minuten. Nun fügen Sie die Bohnen dazu und köcheln den Eintopf für weitere 10 Minuten. Schmecken Sie die Speise mit den Gewürzen ab.

ÄGYPTISCHE BOHNENFRIKADELLEN

2 Port.

90 Min. + Einweichzeit

Leicht

Zutaten

1 Knoblauchzehe
50 g Zwiebeln
250 g Bohnen, weiß
½ TL Backpulver
1 TL Koriander, gemahlen
1 EL Sesam
2 EL Petersilie
1 EL Mehl
1 TL Kümmel, gemahlen
1 Prise Chilipulver
1 Prise Salz
etwas Rapsöl

Nährwerte p. P.

374 kcal
59 g Kohlenhydrate
6 g Fett
15 g Eiweiß

1 Weichen Sie die Bohnen für mindestens 24 Stunden ein. Anschließend geben Sie sie in ein Küchensieb und spülen sie gut ab.

2 Pellen Sie die Zwiebel und den Knoblauch und schneiden Sie sie in feine Stücke. Geben Sie beides zu den Bohnen und zerkleinern Sie alles mit einem Mörser oder mit einem Messer.

3 Nun mischen Sie den Koriander, den Kümmel, die gehackte Petersilie, das Chilipulver, das Backpulver, den Sesam sowie das Mehl dazu. Würzen Sie die Mischung mit etwas Salz.

4 Geben Sie alle Zutaten in einen Zerkleinerer und mixen Sie alles zu einer glatten Masse. Stellen Sie es für eine halbe Stunde beiseite.

5 Formen Sie anschließend 8 Frikadellen aus dem Teig und stellen Sie sie zum Ruhen noch einmal für 15 Minuten beiseite.

6 Erhitzen Sie das Öl in einer Pfanne und braten Sie die Bohnenfrikadellen bei mittlerer Hitze für etwa 10 bis 15 Minuten, bis sie eine goldbraune Farbe angenommen haben.

KOSHARI *(„MISCHMASCH" AUS REIS UND KICHERERBSEN)*

6 Port.

2 Std. + Einweichzeit

Schwer

Zutaten

500 g Reis
150 g Kichererbsen
200 g Fadennudeln
150 g braune Linsen
200 g Röhrennudeln (alternativ Spaghetti)
4 Zwiebeln
6 Tomaten, ca. 700 g
2 EL Tomatenmark
5 Knoblauchzehen
2 Zitronen
2 EL Mehl
50 g Chilischote, rot
1 Chilischote, grün
50 ml Essig
etwas Öl
etwas Wasser
1 Prise Koriander
1 Prise Chilipulver
1 Prise Kardamom
1 Prise Pfeffer
1 Prise Salz
½ TL Kreuzkümmel
1 Prise Kreuzkümmel
1 Brühwürfel

Nährwerte p. P.

724 kcal
138 g Kohlenhydrate
3 g Fett
31 g Eiweiß

Zubereitung:

1 Weichen Sie über Nacht die Kichererbsen und die Linsen einzeln in genügend Wasser ein. Alternativ können Sie auch Linsen und Kichererbsen aus der Konserve verwenden.

2 Pressen Sie den Saft aus den Zitronen und stellen Sie ihn für später beiseite.

Röstzwiebeln:

1 Pellen Sie die Zwiebeln und schneiden Sie sie in dünne Ringe. Wenden Sie sie in etwas Mehl.

2 Erhitzen Sie etwas Öl in einer Bratpfanne und braten Sie die Zwiebeln darin goldbraun an. Legen Sie sie zum Entfetten auf ein Stück Küchenpapier.

3 Sie können alternativ auch fertige Röstzwiebeln verwenden.

Knoblauch-Essig-Soße:

1 Geben Sie 200 ml Wasser in einen Topf und fügen Sie ½ Teelöffel Kreuzkümmel, etwas Koriander und Chilipulver dazu. Kochen Sie die Mischung einmal auf und reduzieren dann die Temperatur. Köcheln Sie sie für etwa 10 Minuten.

2 In der Zwischenzeit pellen Sie 2 Knoblauchzehen und pressen sie in den Topf. Füllen Sie den Essig und etwas Zitronensaft dazu und rühren Sie alles einmal gut durch.

3 Stellen Sie den Topf zum Abkühlen beiseite.

Chilisoße:

1 Säubern Sie die rote Chilischote und schneiden Sie sie in kleine Stücke.

2 Füllen Sie 100 ml Wasser in einen Topf und geben Sie die Chiliwürfel dazu. Kochen Sie die Zutaten einmal auf.

3 Würzen Sie die Soße mit 1 TL Chilipulver und geben 3 EL Öl sowie 2 EL Zitronensaft hinzu. Pürieren Sie mit einem Pürierstab alle Zutaten zu einer geschmeidigen Masse. Diese Soße gehört sehr scharf. Würzen Sie gegebenenfalls mit Chilipulver nach.

Reis:

1 Waschen Sie den Reis gründlich ab.

2 Erhitzen Sie etwas Öl in einem Topf und geben Sie die Fadennudeln hinein. Braten Sie sie leicht an. Geben Sie nun den Reis in den Topf und erhitzen Sie alles unter ständigem Rühren für etwa 5 Minuten.

3 Währenddessen kochen Sie in einem Wasserkocher etwas Wasser auf und schneiden den Brühwürfel in kleine Stücke.

4 Bilden Sie eine Mulde im Reis und legen den Brühwürfel mit etwas Salz hinein. Übergießen Sie ihn mit etwas kochendem Wasser.

5 Rühren Sie alle Zutaten gut um und kochen Sie sie kurz auf. Legen Sie einen Deckel auf den Topf und reduzieren Sie die Temperatur auf die kleinste Einstellung. Garen Sie den Reis für etwa 20 Minuten.

6 Währenddessen spülen Sie die Linsen und die Kichererbsen gut ab. Kochen Sie die Linsen ebenfalls für etwa 20 Minuten und die Kichererbsen mit einer grünen Chilischote und dem Saft einer halben Zitrone zusammen für etwa 30 bis 40 Minuten.

Tomatensoße:

1 Übergießen Sie die Tomaten mit kochendem Wasser und entfernen Sie die Haut. Anschließend zerkleinern Sie die Tomaten mit einer Küchenmaschine. Pellen Sie die restlichen 3 Knoblauchzehen.

2 Erhitzen Sie etwas Öl in einem Topf und pressen Sie den Knoblauch hinein. Würzen Sie mit dem Kardamom und einer Prise Kreuzkümmel.

3 Rühren Sie 2 Esslöffel Tomatenmark hinein und füllen dann die Tomaten dazu.

4 Köcheln Sie alle Zutaten bei niedriger Temperatur für etwa 15 Minuten. Würzen Sie die Soße mit Salz und Pfeffer.

5 Kochen Sie die Nudeln nach Packungsanleitung gar.

Das Anrichten:

1 Sie können die Speise entweder in Portionen auf einem Teller servieren oder aber alle Zutaten in eine Schüssel füllen.

2 Geben Sie als Erstes den Reis mit den Fadennudeln hinein.

3 Verteilen Sie dann zuerst die Linsen und dann die Kichererbsen auf dem Reis.

4 Nun füllen Sie die Nudeln hinein und füllen die Tomatensoße darauf.

5 Zuletzt geben Sie die Röstzwiebeln obenauf.

6 Die Knoblauch-Essig-Soße und die Chilisoße füllen Sie in separate Schälchen und stellen sie auf den Tisch.

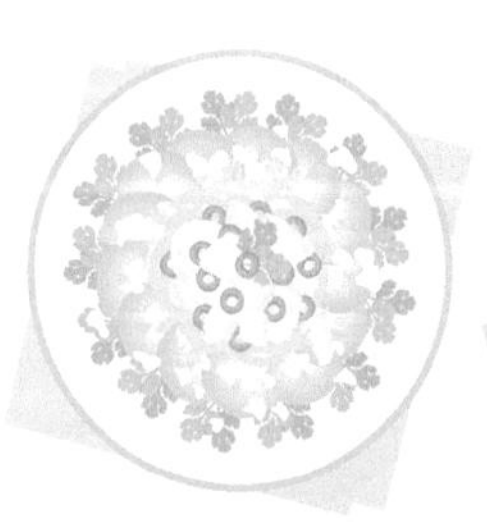

MESAKA'A *(AUBERGINEN-MOUSSAKA)*

4 Port.

1 Std. 35 Min.

Leicht

Zutaten

3 Zwiebeln
3 Auberginen, ca. 800 g
2 Knoblauchzehen
2 Paprika, rot
1 Dose Kichererbsen, 400 g
250 ml Gemüsebrühe
1 Dose Tomaten, stückig, 400 g
4 EL Olivenöl
2,5 EL Tomatenmark
½ TL Paprikapulver, geräuchert
½ TL Kreuzkümmel, gemahlen
1 TL Chilipulver
½ TL Paprikapulver, edelsüß
1 TL Zimt, gemahlen
1 TL Thymian, gemahlen
1 Prise Salz
1 Prise Pfeffer

Nährwerte p. P.

410 kcal
39 g Kohlenhydrate
19 g Fett
12 g Eiweiß

1 Heizen Sie den Backofen auf 180 °C mit Umluftfunktion vor. Belegen Sie ein Blech mit Backpapier.

2 Säubern Sie die Auberginen und schneiden Sie sie in Scheiben. Bestreichen Sie die Scheiben mit etwa 2 Esslöffel Olivenöl und legen Sie sie auf das Backblech. Würzen Sie sie mit Salz und Pfeffer. Backen Sie die Auberginen für etwa 30 Minuten, bis sie leicht schrumpfen und in der Mitte etwas braun werden.

3 Pellen Sie die Zwiebeln und entkernen Sie die Paprika. Schneiden Sie beides in kleine Würfel. Geben Sie die Kichererbsen in ein Sieb und spülen Sie sie gut ab.

4 Erhitzen Sie 2 Esslöffel Olivenöl in einer Pfanne und braten Sie beides für etwa 10 Minuten unter Rühren an. Fügen Sie anschließend das Tomatenmark und sämtliche Gewürze dazu. Köcheln Sie die Zutaten, bis sich das Tomatenmark dunkel färbt.

5 In der Zwischenzeit pellen Sie den Knoblauch und pressen ihn in die Pfanne. Geben Sie nun die stückigen Tomaten, die Kichererbsen und die Gemüsebrühe dazu. Köcheln Sie die Zutaten bei mittlerer Hitze für etwa 15 Minuten.

6 Nach der Backzeit holen Sie die Auberginenscheiben aus dem Ofen und legen die Hälfte davon in eine Auflaufform. Füllen Sie die halbe Menge der Soße aus der Pfanne darüber. Anschließend verteilen Sie die restlichen Auberginenscheiben auf der Soße und füllen dann den Rest der Soße darüber.

7 Legen Sie ein Stück Alufolie über die Auflaufform und garen die Speise für etwa 35 Minuten im Backofen. Entfernen Sie dann die Folie und backen Sie sie für weitere 10 Minuten.

Beilagen

GLASIERTE MÖHREN (VEGETARISCH)

4 Port.

45 Min.

Leicht

Zutaten

40 g Zucker
100 g Butter
750 g Möhren
1 Prise Salz
etwas Wasser

Nährwerte p. P.

276 kcal
21 g Kohlenhydrate
21 g Fett
1 g Eiweiß

1 Säubern Sie die Möhren. Wenn es nötig ist, schaben Sie sie etwas ab. Schneiden Sie sie in ganz dünne Scheiben.

2 Geben Sie die Hälfte der Butter in einen Topf und fügen Sie den Zucker hinzu. Bei ständigem Umrühren karamellisieren Sie den Zucker.

3 Füllen Sie die Möhren dazu und gießen Sie so viel Wasser auf, dass sie eben bedeckt sind. Würzen Sie mit Salz und kochen die Zutaten einmal auf. Bei niedriger Temperatur köcheln Sie die Möhren, bis das Wasser verkocht ist.

4 Geben Sie anschließend die restliche Butter in kleinen Flocken in den Topf. Rütteln Sie ihn etwas hin und her, damit sie sich mit dem karamellisierten Zucker verbindet.

GEBACKENE KNOBLAUCHKARTOFFELN (VEGAN)

4 Port.

45 Min.

Leicht

Zutaten

60 ml Olivenöl
2 TL Rosmarin, getrocknet
6 Knoblauchzehen
1 kg Kartoffeln, festkochend
1 Prise Salz
1 Prise Pfeffer

Nährwerte p. P.

289 kcal
33 g Kohlenhydrate
15 g Fett
4 g Eiweiß

1 Heizen Sie den Backofen auf 200 °C mit Ober- und Unterhitze vor.

2 Belegen Sie ein Blech mit Backpapier und geben das Olivenöl darauf.

3 Schälen Sie die Kartoffeln und schneiden Sie sie in dünne Scheiben. Belegen Sie das Blech mit den Kartoffelscheiben. Pellen Sie den Knoblauch und halbieren Sie ihn.

4 Platzieren Sie den Knoblauch und das Rosmarin zwischen den Kartoffelscheiben. Würzen Sie mit Salz und Pfeffer und träufeln noch etwas Olivenöl auf die Kartoffeln.

5 Backen Sie die Kartoffeln auf der mittleren Schiene für etwa 35 Minuten. Sie sollen etwas gebräunt und knusprig werden.

TURSHI *(EINGELEGTES GEMÜSE)* (VEGAN)

10 Port.

60 Min.

Leicht

Zutaten

1 Weißkohl
1 Blumenkohl
1 Zitrone
1 l Essig
1,5 l Wasser
2 Möhren
1 Rettich
1 Gurke
10 EL Salz

Nährwerte pro 100 g

19 kcal
1 g Kohlenhydrate
0 g Fett
1 g Eiweiß

1 Säubern Sie alle Gemüsesorten. Schälen Sie sie und schneiden Sie sie in mundgerechte Stücke. Die Zitrone schneiden Sie in Viertel.

2 Geben Sie 1 Liter Wasser mit 4 EL Salz in einen Topf und kochen es einmal auf. Geben Sie das Gemüse hinein und kochen es für etwa 10 Minuten. Anschließend nehmen Sie es heraus und geben es zum Abtropfen in ein Küchensieb.

3 Füllen Sie ½ Liter frisches Wasser in einen Topf und geben 6 EL Salz und den Essig hinzu. Kochen Sie die Flüssigkeit kurz auf. Nehmen Sie den Topf von der Kochstelle und stellen ihn zum Abkühlen beiseite.

4 Nun füllen Sie das Gemüse und die Zitrone hinein.

5 Anschließend füllen Sie das Gemüse mitsamt der Flüssigkeit in gut verschließbare Gläser. Lassen Sie sie einige Zeit zum Ziehen stehen, bevor Sie das Gemüse genießen.

OKRA *(ÄGYPTISCHES GEMÜSE)* (VEGETARISCH)

4 Port.

30 Min.

Leicht

Zutaten

5 Knoblauchzehen
3 EL Tomatenmark
400 g Okra, TK
1 Paprika, grün
1 Zwiebel
etwas Butter
etwas Hühnerbrühe
etwas Zitronensaft
1 Prise Salz
1 Prise Pfeffer

Nährwerte p. P.

68 kcal
9 g Kohlenhydrate
1 g Fett
4 g Eiweiß

1 Legen Sie die Okras zum Auftauen in ein Sieb. Anschließend spülen Sie sie kurz ab.

2 Pellen Sie in der Zwischenzeit die Zwiebel und den Knoblauch. Säubern Sie die Paprika und entkernen Sie sie. Schneiden Sie alles in kleine Stücke.

3 Erhitzen Sie die Butter in einem Topf und braten Sie die Zwiebel, den Knoblauch und die Paprika darin an.

4 Füllen Sie das Tomatenmark, die Okras und etwas Hühnerbrühe sowie einen Spritzer Zitronensaft in den Topf und köcheln Sie alle Zutaten für etwa 15 Minuten bei mittlerer Hitze.

5 Zum Schluss schmecken Sie das Gemüse mit Salz und Pfeffer ab.

BRAUNER REIS *(BEILAGE ZU FISCH)* (VEGAN)

4 Port. 45 Min. Mittel

Zutaten

400 g Reis, weiß
1 l Wasser, heiß
1 Zwiebel, groß
1 TL All-Spice-Gewürz (Rezept in diesem Kochbuch)
etwas Öl
1 Msp. Kreuzkümmel
1 Prise Salz

Nährwerte p. P.

416 kcal
78 g Kohlenhydrate
4 g Fett
16 g Eiweiß

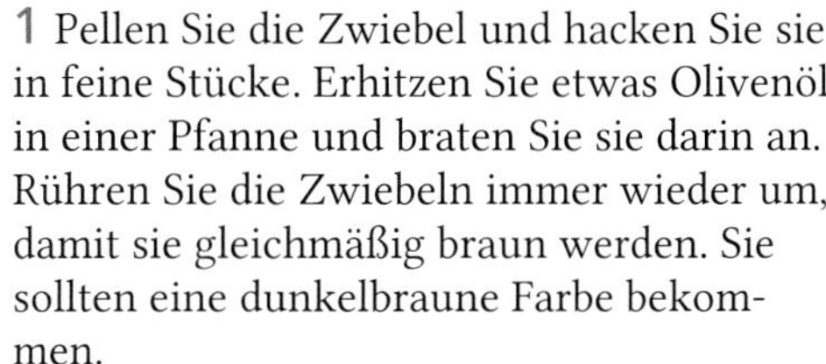

1 Pellen Sie die Zwiebel und hacken Sie sie in feine Stücke. Erhitzen Sie etwas Olivenöl in einer Pfanne und braten Sie sie darin an. Rühren Sie die Zwiebeln immer wieder um, damit sie gleichmäßig braun werden. Sie sollten eine dunkelbraune Farbe bekommen.

2 Geben Sie das Salz und die Gewürze zu den Zwiebeln und gießen Sie etwa einen Liter heißes Wasser auf. Kochen Sie die Brühe einmal kurz auf und köcheln Sie sie anschließend bei niedriger Temperatur für kurze Zeit weiter. Schalten Sie die Kochstelle aus und lassen Sie die Zwiebelbrühe weiter durchziehen.

3 Waschen Sie den Reis gründlich ab. Geben Sie ihn in ein Küchensieb und spülen Sie ihn so lange durch, bis das Wasser klar bleibt. Stellen Sie den Reis für mindestens 10 Minuten beiseite.

4 Erhitzen Sie etwas Öl in einem Topf und geben den Reis hinein. Braten Sie den Reis für etwa 5 Minuten unter ständigem Rühren an.

5 Seihen Sie die Zwiebelbrühe durch ein Sieb und fangen Sie die Flüssigkeit auf. Diese geben Sie in den Reis, bis dieser gut damit bedeckt ist. Kochen Sie den Reis auf und legen Sie einen Deckel auf den Topf.

6 Köcheln Sie den Reis bei niedriger Temperatur für etwa 20 Minuten.

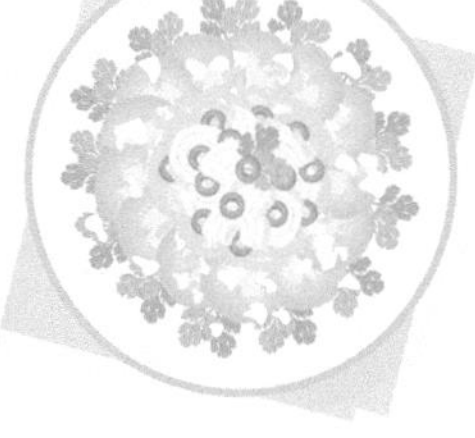

COUSCOUS (VEGETARISCH)

4 Port.

30 Min.

Leicht

Zutaten

1 Tasse (250 ml) Couscous (Instant)
125 ml Brühe
125 ml Orangensaft
10 - 12 Datteln, getrocknet
½ TL Koriander, gemahlen
½ TL Minze, gerieben
½ TL Orangenschale, getrocknet
1 Msp. Cayennepfeffer
20 g Butter
¼ TL Piment, gemahlen
¼ TL Kurkuma
1 Prise Salz

Nährwerte p. P.

361 kcal
70 g Kohlenhydrate
5 g Fett
5 g Eiweiß

1 Geben Sie den Couscous in eine Schüssel und mischen Sie die Gewürze sowie etwas Salz dazu. Füllen Sie die Brühe mit dem Orangensaft und der Orangenschale in einen Topf und kochen Sie die Flüssigkeit einmal auf. Gießen Sie die heiße Brühe über den Couscous und decken Sie die Schüssel ab. Stellen Sie sie für etwa 7 Minuten zum Quellen beiseite.

2 In der Zwischenzeit schneiden Sie die Datteln in kleine Stücke. Nach der Quellzeit geben Sie die Butter zum Couscous und mischen die Datteln darunter.

GEBRATENER CHICORÉE

4 Port.

30 Min..

Leicht

Zutaten

100 g Schinken, dünn geschnitten
1 EL Mehl
2 EL Öl
4 Chicorée
1 Zwiebel
50 g Kräuterbutter
1 EL Weißweinessig
2 Orangen, unbehandelt
1 EL Honig
1 Prise Salz
1 Prise Pfeffer

Nährwerte p. P.

292 kcal
17 g Kohlenhydrate
20 g Fett
10 g Eiweiß

1 Säubern Sie den Chicorée und schneiden Sie ihn in Viertel. Erhitzen Sie etwas Salzwasser und blanchieren Sie darin den Chicorée. Anschließend geben Sie ihn zum Abtropfen in ein Küchensieb. Nun würzen Sie ihn mit Salz und Pfeffer, bestäuben ihn mit dem Mehl und braten ihn in einer Pfanne mit der Kräuterbutter von allen Seiten an.

2 Schälen Sie die Orangen und schneiden Sie das Fruchtfleisch in dünne Scheiben. Den Saft fangen Sie dabei auf. Pellen Sie die Zwiebel und schneiden Sie sie in kleine Würfel.

3 Geben Sie die Zwiebelwürfel, den Orangensaft, den Honig, den Essig und das Öl in eine Schüssel und verrühren Sie alle Zutaten miteinander. Würzen Sie mit Salz und Pfeffer.

4 Braten Sie nun den Schinken in einer Pfanne ohne Fett, bis er knusprig ist.

5 Zum Servieren richten Sie den Chicorée mit dem Schinken auf einem Teller an und träufeln etwas Marinade darüber.

MOLOKHIA (ÄGYPTISCHES GEMÜSE)

2 Port.

30 Min..

Leicht

Zutaten

2 Knoblauchzehen
300 ml Gemüse- oder Fleischbrühe
1 EL Koriandersamen, zerstoßen
400 g Molokhia (TK-Ware)
1 TL Öl

Nährwerte p. P.

30 kcal
2 g Kohlenhydrate
1 g Fett
1 g Eiweiß

1 Pellen Sie den Knoblauch ab. Erhitzen Sie das Öl in einem kleinen Topf und pressen Sie die Knoblauchzehen hinein. Bräunen Sie den Knoblauch etwas an und fügen dann die Koriandersamen dazu, die Sie für etwa ½ Minute bräunen.

2 Füllen Sie die Brühe in einen ausreichend großen Topf und kochen Sie sie einmal auf. Geben Sie die Molokhia hinein. Anschließend reduzieren Sie die Temperatur und köcheln das Gemüse unter Rühren, bis es aufgetaut ist.

3 Zum Schluss geben Sie die heiße Knoblauchmischung hinein.

Tipp: Diese Speise wird in ägyptischen Hotels gerne als Suppe angeboten, jedoch ist es eigentlich eher eine Beilage, die mit Reis verspeist wird. Einheimische genießen Molokhia auch mit Fladenbrot. Da es dann aber Fäden zieht, ist es für ausländische Bürger nicht unbedingt ein appetitlicher Anblick. Als Brühe wird der Sud des Fleisches verwendet, welches zu dieser Beilage gereicht wird. Zusätzlich bieten Sie Reis und Fladenbrot an.

BESSILA WA GAZAR *(ERBSEN UND MÖHREN IN TOMATENSOSSE)*

4 Port.

45 Min..

Leicht

Zutaten

1 Kartoffel, mittelgroß
1 Zwiebel
1 Knoblauchzehe
2 EL Tomatenmark
300 g Erbsen (TK oder frisch)
2 Tomaten
1 Möhre, groß
1 Chilischote, grün
etwas Öl
1 Prise Pfeffer
1 Prise Salz
1 Prise Kreuzkümmel
½ TL Kurkuma
Brühe oder Wasser
400 g Rindfleisch (nach Belieben, es kann auch weggelassen werden)

Nährwerte p. P.

320 kcal
18 g Kohlenhydrate
14 g Fett
26 g Eiweiß

1 Pellen Sie die Zwiebel und den Knoblauch und schneiden Sie beides in kleine Stücke. Schälen Sie die Kartoffel und schneiden Sie sie in kleine Würfel. Säubern Sie die Möhre und schneiden Sie sie ebenfalls in kleine Würfel. Befreien Sie die Tomaten von der Haut und pürieren Sie sie. Alternativ können Sie auch Tomaten aus der Konserve verwenden. Schneiden Sie die Chilischote in feine Ringe.

2 Erhitzen Sie das Öl in einem ausreichend großen Topf und geben Sie die Erbsen hinein. Braten Sie diese unter Rühren für etwa 7 Minuten an.

3 Geben Sie anschließend die Möhren-, die Zwiebel- und die Kartoffelwürfel hinein. Braten Sie alle Zutaten für ein paar Minuten.

4 Fügen Sie dann das Tomatenmark und das Kurkumapulver dazu und rühren Sie alle Zutaten einmal um. Nun geben Sie die Tomaten und die Chiliringe in den Topf und füllen so viel Brühe oder Wasser auf, dass alle Zutaten mindestens etwa 1 cm bedeckt sind.

5 Wenn Sie das Rezept mit dem Fleisch verwenden, füllen Sie etwas mehr Flüssigkeit hinzu und geben nun das in Würfel geschnittene Fleisch hinein.

6 Kochen Sie die Speise einmal auf und köcheln Sie sie dann für etwa 20 Minuten ohne Fleischzugabe oder etwa 40 Minuten mit Fleisch bei reduzierter Hitze.

7 Zum Servieren würzen Sie das Gericht mit Salz, Pfeffer und Kreuzkümmel.

Tipp: In Ägypten wird fast jede Art von Gemüse in Tomatensoße zubereitet. In manchen Fällen kann dies sehr gewöhnungsbedürftig sein, zum Beispiel dann, wenn es sich um Spinat oder Blumenkohl handelt.

RUZZ AHMAR *(REIS MIT ZWIEBELN)*

2 Port.

60 Min..

Leicht

Zutaten

2 Zwiebeln
1 EL Tomatenmark
2 Tassen Reis
etwas Öl
3 Tassen Wasser
1 Prise Salz

Nährwerte p. P.

310 kcal
52 g Kohlenhydrate
6 g Fett
10 g Eiweiß

1 Pellen Sie die Zwiebeln und schneiden Sie sie in kleine Würfel.

2 Spülen Sie den Reis in einem Küchensieb ab und geben ihn zum Quellen für etwa 30 Minuten in warmes Wasser.

3 Erhitzen Sie etwas Öl in einer Pfanne und braten Sie die Zwiebeln darin an. Geben Sie das Tomatenmark dazu und rösten Sie es etwas an. Füllen Sie das Wasser in die Pfanne und würzen Sie mit dem Salz. Kochen Sie die Zutaten einmal kurz auf.

4 Geben Sie nun den abgetropften Reis dazu und köcheln Sie die Speise zugedeckt für etwa 20 Minuten. Nach der Kochzeit stellen Sie den Herd ab und lassen den Reis für weitere 10 Minuten ziehen.

MANDELREIS

4 Port. 40 Min.. Leicht

Zutaten

400 g Reis
200 g Mandeln, ganz
150 g Rosinen
1 l Hühnerbrühe
½ TL Zimt, gemahlen
3 EL Maiskeimöl
1 TL Muskatnuss
1 Prise Salz

Nährwerte p. P.

883 kcal
105 g Kohlenhydrate
37 g Fett
27 g Eiweiß

1 Heizen Sie den Backofen auf 200 °C mit Umluftfunktion vor.

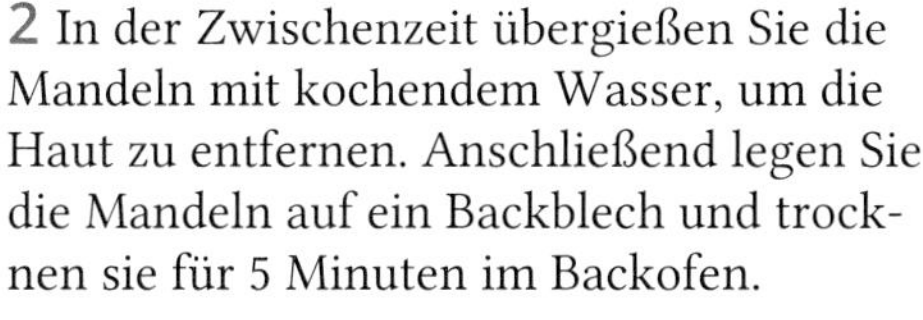

2 In der Zwischenzeit übergießen Sie die Mandeln mit kochendem Wasser, um die Haut zu entfernen. Anschließend legen Sie die Mandeln auf ein Backblech und trocknen sie für 5 Minuten im Backofen.

3 Erhitzen Sie das Öl in einer großen Pfanne oder im Topf. Dünsten Sie darin den Reis an, bis er eine goldbraune Farbe angenommen hat. Füllen Sie die Hühnerbrühe auf und geben Sie alle Gewürze dazu.

4 Dünsten Sie die Zutaten bei kleiner Hitze für etwa 10 bis 15 Minuten. Rühren Sie zwischendurch immer wieder um.

5 Fügen Sie nun die Rosinen dazu und mischen Sie sie unter die übrigen Zutaten. Köcheln Sie die Speise für weitere 10 bis 15 Minuten.

6 Währenddessen rösten Sie die Mandeln in einer Pfanne goldbraun an. Geben Sie kein Fett dazu und rühren Sie die Mandeln immer wieder um. Anschließend nehmen Sie sie aus der Pfanne und stellen sie zum Abkühlen beiseite.

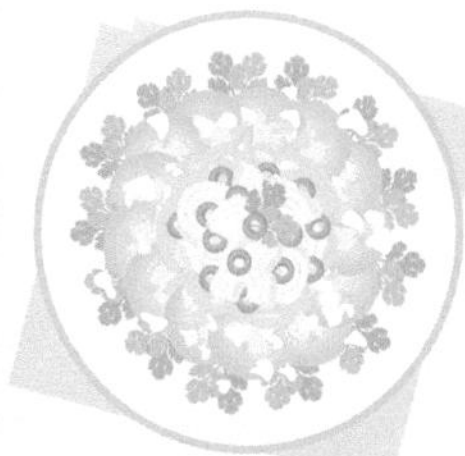

7 Nehmen Sie den Reis nach der Garzeit aus der Pfanne / dem Topf und richten Sie ihn auf einer Servierplatte an. Streuen Sie die gerösteten Mandeln darüber.

Tipp: Diese Beilage kann zu allen gebratenen Fleischgerichten serviert werden.

Fingerfood & Snacks

HAWAWSHI *(ÄGYPTISCHE HAMBURGER)*

3 Port.

50 Min.

Leicht

Zutaten

3 Fladenbrote (selbst gemachte oder fertig gekaufte)
1 Chilischote, grün
2 Tomaten
350 g Rinderhackfleisch
2 Zwiebeln
etwas Olivenöl zum Bestreichen
1 Prise Pfeffer
1 Prise Salz
1 Prise Paprikapulver
1 Prise Kreuzkümmel

Nährwerte p. P.

601 kcal
51 g Kohlenhydrate
29 g Fett
31 g Eiweiß

1 Pellen Sie die Zwiebel und schneiden Sie sie in kleine Würfel. Schneiden Sie die Chilischote in kleine Stücke. Braten Sie beides in einer Pfanne kurz an.

2 Waschen Sie die Tomaten ab und schneiden Sie sie in kleine Würfel.

3 Mischen Sie das Hackfleisch mit den Gewürzen, den Zwiebeln und den Tomaten.

4 Heizen Sie den Backofen auf 180 °C mit Umluftfunktion vor.

5 Teilen Sie das Hackfleisch in 3 Portionen auf und befüllen Sie die Fladenbrote damit. Bestreichen Sie sie mit dem Olivenöl.

6 Wickeln Sie die gefüllten Fladenbrote in Alufolie oder Backpapier ein.

7 Backen Sie die Brote für etwa 30 bis 40 Minuten.

Tipp: Für die Fladenbrote finden Sie ein passendes Rezept im Kapitel „Brote". Sie können Pommes, Tahini und Turshi als Beilagen dazu servieren. Passende Rezepte finden Sie in diesem Kochbuch.

BALAH EL SHAM *(FRITTIERTER BRANDTEIG)*

10-20

60 Min.

Leicht

Zutaten

300 g Mehl
500 ml Wasser
4 Eier
100 ml Milch
1 TL Vanillearoma
80 ml Öl
½ Rezept Zuckersirup (Rezept in diesem Kochbuch)
Öl zum Frittieren
etwas Kokosraspeln
etwas Zimt

Nährwerte pro Rezept

2.011 kcal
220 g Kohlenhydrate
100 g Fett
51 g Eiweiß
(es fallen zusätzliche Nährwerte durch den Zuckersirup an)

1 Bereiten Sie zunächst den Zuckersirup zu und lassen ihn abkühlen.

2 In der Zwischenzeit geben Sie das Wasser, die Milch, das Vanillearoma und das Öl in einen Topf und kochen die Zutaten kurz auf. Nehmen Sie den Topf von der Kochstelle und fügen Sie das Mehl hinzu. Verrühren Sie es so lange, bis sich ein Kloß gebildet hat.

3 Stellen Sie den Topf wieder auf die Kochstelle und erhitzen den Teig unter ständigem Rühren.

4 Geben Sie den Teig in eine Rührschüssel und stellen ihn zum Abkühlen beiseite. Anschließend rühren Sie mit einem Handmixer die Eier darunter. Es soll ein klebriger, zäher Teig entstehen.

5 Füllen Sie den Teig in einen Spritzbeutel und setzen Sie eine Tülle mit etwa 15 mm Durchmesser darauf.

6 Erhitzen Sie eine ausreichende Menge Öl zum Frittieren. Geben Sie mit dem Spritzbeutel beliebig lange Streifen in das siedende Öl.

7 Frittieren Sie die Teigstreifen für etwa 5 Minuten bei hoher bis mittlerer Temperatur, bis sie eine goldgelbe Farbe angenommen haben. Es ist möglich, dass Sie die Teigstreifen im Öl einmal drehen müssen.

8 Nach dem Frittieren nehmen Sie die Streifen mit einer Schaumkelle aus dem Öl. Nach einem kurzen Abtropfen geben Sie sie in den kalten Sirup und anschließend in ein Küchensieb.

9 Zum Servieren können Sie Kokosraspeln oder etwas Zimt darüberstreuen.

KAHK *(ÄGYPTISCHE FESTKEKSE)*

1 Blech

35 Min.

Leicht

Zutaten

für den Teig:
450 g Mehl
1 TL Backpulver
5 EL Sesam
250 g Ghee (alternativ Butterschmalz)
2 TL Kahk-Gewürzmischung (alternativ Spekulatius-Gewürz)
1 Prise Salz
3 EL Zucker

für die Füllung:
40 g Grieß
3 EL Zucker
25 g Ghee
½ EL Honig
60 g Datteln
1 TL Zimt
2 EL Walnüsse

zum Servieren:
etwas Puderzucker

Nährwerte p. Blech

5.216 kcal
495 g Kohlenhydrate
323 g Fett
66 g Eiweiß

1 Heizen Sie den Backofen auf 180 °C mit Umluftfunktion vor und belegen Sie ein Blech mit Backpapier.

2 Geben Sie das Ghee für den Teig in einen Topf und erhitzen Sie es.

3 Währenddessen mischen Sie in einer Schüssel das Mehl mit dem Salz, dem Backpulver und der Gewürzmischung zusammen. Drücken Sie in die Mitte ein Loch und füllen dort den Sesam und den Zucker hinein.

4 Gießen Sie das geschmolzene Ghee darüber und verarbeiten Sie alle Zutaten zu einem glatten Teig.

5 Nun bereiten Sie die Füllung zu, indem Sie alle Zutaten dafür in einen Mixer geben und sie zu einer glatten Masse verarbeiten.

6 Nehmen Sie ein kleines Stück von dem Teig und bilden Sie eine Mulde. Dort hinein füllen Sie ein kleines bisschen von der Füllung und umschließen sie anschließend mit dem Teig. Sie können entweder kleine Kugeln formen oder sie zu Plätzchen bilden, die eine flache Unterseite haben.

7 Legen Sie die Teigrohlinge auf das Backblech und backen Sie die Kekse für etwa 20 bis 25 Minuten im Backofen.

8 Nach der Backzeit stellen Sie die Kekse zum Abkühlen beiseite. Zum Servieren bestreuen Sie sie mit Puderzucker.

Tipp: In Ägypten werden diese Kekse zu besonderen Anlässen serviert. Sie werden zum Beispiel zum Ende des Ramadans angeboten.

BA'ASSUMAT *(BROTSTANGEN MIT SESAM)*

8 Port.

4 Std.

Leicht

Zutaten

250 ml Wasser, lauwarm
375 g Mehl
½ EL Hefe
2 EL Sesam
120 ml Öl
½ EL Zucker
½ TL Backpulver
½ TL Salz
½ EL Mahlab (arabisches Gewürz)

Nährwerte p. P.

10 kcal
1 g Kohlenhydrate
1 g Fett
1 g Eiweiß

1 Verrühren Sie die Hefe mit dem Wasser und dem Zucker.

2 Zerstoßen Sie mit einem Mörser das arabische Gewürz so fein, wie es Ihnen möglich ist. Alternativ können Sie es auch in einem Gefäß mit einem Löffel oder einem Fleischklopfer zerkleinern.

3 Geben Sie nun sämtliche Zutaten (ausgenommen dem Sesam) in eine große Rührschüssel und kneten Sie alles zu einem geschmeidigen Teig. Decken Sie die Schüssel ab und stellen Sie sie für 2 Stunden zum Gehen beiseite.

4 Nach der Ruhezeit kneten Sie den Teig noch einmal gut durch. Bestreuen Sie eine geeignete Arbeitsfläche mit etwas Mehl und formen Sie darauf aus dem Teig ein Rechteck oder Quadrat. Es sollte etwa 1 cm dick sein und eine Seitenlänge von etwa 10 cm aufweisen.

5 Nun verteilen Sie den Sesam auf dem Teig und drücken ihn etwas fest. Schneiden Sie etwa 1 cm breite Streifen aus dem Teig. Für diesen Arbeitsschritt verwenden Sie am besten einen Pizzaschneider.

6 Belegen Sie ein Blech mit Backpapier und legen Sie die Teigstreifen darauf. Sie werden sich dabei etwas in die Länge ziehen und können gut und gerne 20 bis 25 cm lang werden. Stellen Sie das Blech für 1 Stunde zum Ruhen beiseite.

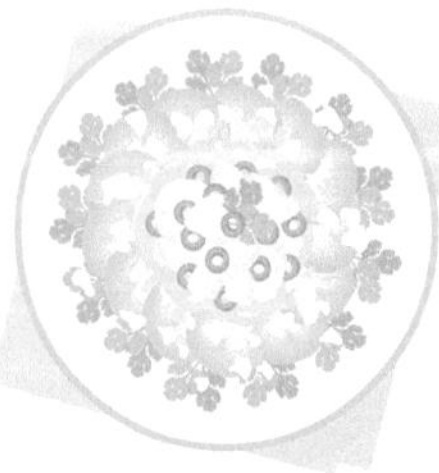

7 In der Zwischenzeit heizen Sie den Backofen auf 180 °C mit Umluftfunktion vor. Nach der Ruhezeit backen Sie die Sesamstangen für etwa 30 Minuten im Backofen.

8 Nach der Garzeit stellen Sie den Backofen ab und belassen die Sesamstangen noch einige Zeit zum Trocknen darin.

Tipp: Sie können dieses Rezept gut verdoppeln, um mehr Sesamstangen zu erhalten. Wenn Sie dann beide Bleche gleichzeitig backen möchten, so tauschen Sie nach der Hälfte der Garzeit die Bleche, damit alle Gebäckstücke einheitlich goldbraun gebacken werden.

ATAYEF *(FRITTIERTE „HALBMONDE“)*

(VEGAN)

40 Port. | 1 Std. 30 Min. | Leicht

Zutaten

für den Teig
400 ml Wasser, lauwarm
1 TL Trockenhefe
200 g Mehl
1 TL Backpulver
1 EL Zucker
1 Prise Salz
2 EL Öl

für die Füllung
50 g Kokosraspeln
30 g Zucker
40 g Rosinen
70 g Mandeln, gehackt

für den Sirup
450 ml Wasser
200 g Zucker
½ Zitrone, Saft

1 l Öl zum Frittieren

Nährwerte p. P.

68 kcal
11 g Kohlenhydrate
2 g Fett
1 g Eiweiß

1 Bereiten Sie zunächst den Sirup zu. Geben Sie alle Zutaten in einen Topf und kochen Sie sie einmal kurz auf. Anschließend köcheln Sie den Sirup für etwa 20 Minuten bei niedriger Temperatur. Nach der Kochzeit stellen Sie den Topf zum Abkühlen beiseite.

2 Währenddessen stellen Sie den Teig her, indem Sie alle Zutaten dafür in eine Rührschüssel geben und vermischen. Rühren Sie alles gut durch, aber nicht zu lange. Stellen Sie den Teig zum Ruhen für 30 Minuten beiseite.

3 Nach der Ruhezeit backen Sie aus dem Teig kleine Pfannkuchen. Erhitzen Sie dafür eine Pfanne und geben einen Teigklecks mit einem Durchmesser von etwa 10 bis 13 cm hinein. Braten Sie ihn, bis er Blasen wirft. Holen Sie den Pfannkuchen aus der Pfanne, auch wenn er nicht durchgegart ist. Legen Sie ihn auf einen flachen Teller und backen Sie den nächsten. Diesen legen Sie auf den ersten Pfannkuchen, die ungebratenen Seiten zusammen. Backen Sie weitere Pfannkuchen, bis der Teig verbraucht ist.

4 Vermischen Sie in einer Rührschüssel alle Zutaten für die Füllung. Geben Sie jeweils einen Esslöffel davon zwischen zwei Pfannkuchen und falten ihn dann wie einen Halbmond zusammen. Drücken Sie die Ränder gut fest.

5 Erhitzen Sie das Öl in einem ausreichend großen Topf und frittieren Sie die Halbmonde darin, bis sie eine goldbraune Farbe angenommen haben. Achten Sie darauf, dass das Öl nicht zu heiß wird. Geben Sie das Gebäck nach dem Frittieren sofort in den Sirup und drehen Sie es herum. Anschließend lassen Sie es auf einem Küchengitter oder Ähnlichem trocknen und abkühlen.

Tipp: Ägyptische Atayef werden anders zubereitet als zum Beispiel in der Türkei.
Diese Süßspeise wird gerne im Ramadan verzehrt, da sie gut sättigt.

ORIENTALISCHER KÜRBIS (VEGAN)

3 Gläser

60 Min.

Leicht

Zutaten

1,2 kg Kürbis (Hokkaido o. Ä.)
300 ml Weinessig
500 ml Wasser
2 TL Salz
200 g Zucker
1 TL Korianderkörner
2 TL Wacholderbeeren
3 Gewürznelken
1 Zimtstange
2 TL Pfefferkörner

Nährwerte p. P.

178 kcal
42 g Kohlenhydrate
1 g Fett
1 g Eiweiß

1 Schneiden Sie den Kürbis in Viertel, entfernen Sie die Kerne und die Schale und schneiden Sie das Fruchtfleisch in Würfel.

2 Füllen Sie das Wasser, den Essig, den Zucker, das Salz und die Gewürze in einen Topf. Kochen Sie die Flüssigkeit einmal auf.

3 Geben Sie die Kürbiswürfel hinein und kochen Sie sie für etwa 4 bis 8 Minuten.

4 Geben Sie nach der Kochzeit die Kürbiswürfel in gut verschließbare Gläser. Füllen Sie nun die Kochflüssigkeit bis zum Rand in die Gläser und verschließen Sie diese sofort.

Desserts

HALVA *(ORIENTALISCHE SÜẞSPEISE)*

1 Kastenform

2 Std. 30 Min.

Leicht

Zutaten

200 g Tahini (Sesampaste)
100 g Pistazien
150 g Puderzucker
100 g Butter
2 Pck. Vanillezucker
400 g Mehl

Nährwerte pro 100 g

477 kcal
50 g Kohlenhydrate
25 g Fett
12 g Eiweiß

1 Rösten Sie die Pistazien in einer Pfanne ohne Fettzugabe. Stellen Sie sie anschließend zum Abkühlen beiseite.

2 Erhitzen Sie die Butter in einer weiteren Pfanne und geben unter ständigem Rühren das Mehl dazu. Braten Sie es etwas an, bis es eine geringe Bräune bekommt. Anschließend fügen Sie das Tahini und beide Sorten Zucker dazu. Rühren Sie alle Zutaten mit einem Schneebesen zu einer glatten Masse zusammen.

3 Zerkleinern Sie die abgekühlten Pistazien und mengen Sie sie unter die Tahinimasse.

4 Legen Sie ein Stück Backpapier in eine Kastenform und füllen Sie die Tahinimasse hinein. Stellen Sie sie zum Abkühlen beiseite.

5 Anschließend stellen Sie die Kastenform für etwa 2 Stunden in den Kühlschrank, damit die Tahinimasse eine feste Form bekommt. Danach können Sie das Halva aus der Form stürzen und in Würfel oder Scheiben schneiden.

Tipp: Das Halva wird cremiger, wenn Sie mehr Sesampaste hinzufügen. Sie können die Süßspeise für etwa eine Woche im Kühlschrank lagern. Halva ist eine beliebte orientalische Süßspeise, die ihren Ursprung in Indien findet. Mittlerweile gibt es sie in der türkischen und sogar in der russischen Küche. Meist wird sie allerdings mit etwas anderen Zutaten zubereitet.

BASSIMA *(KOKOSNUSSKUCHEN)*

1 Auflaufform | 60 Min. | Leicht

Zutaten

90 g Butter
100 g Zucker
125 g Kokosflocken
125 ml Wasser
125 g Grieß (Weichweizen)
1,5 Pck. Backpulver
½ Rezept Zuckersirup (Rezept in diesem Kochbuch)

Nährwerte pro Auflaufform

2.338 kcal
202 g Kohlenhydrate
154 g Fett
19 g Eiweiß
(es fallen zusätzliche Nährwerte durch den Zuckersirup an)

1 Bereiten Sie zunächst den Zuckersirup zu und lassen ihn abkühlen.

2 Währenddessen geben Sie die Kokosflocken, den Grieß, den Zucker und das Backpulver in eine Rührschüssel und vermengen alle Zutaten miteinander.

3 Schmelzen Sie in einem kleinen Topf die Butter, geben Sie sie anschließend in die Rührschüssel und mischen Sie sie unter die Zutaten.

4 Füllen Sie nun das Wasser dazu und bereiten einen klebrigen Teig aus der Masse zu.

5 Fetten Sie eine geeignete Auflaufform ein und heizen Sie den Backofen auf 180 °C mit Umluftfunktion vor.

6 Füllen Sie den Teig in die Auflaufform und backen Sie die Speise auf der mittleren Schiene, bis sie eine goldbraune Farbe angenommen hat.

7 Nach der Garzeit füllen Sie den kalten Sirup über den heißen Kuchen und stellen die Form zum Abkühlen beiseite.

8 Sie können den Kuchen entweder komplett aus der Form stürzen oder ihn erst in kleine Rauten oder Quadrate schneiden.

Tipp: Garnieren Sie den Kuchen nach Belieben mit Pistazien, Nüssen oder gerösteten Kokosflocken.

BASBOUSA *(GEFÜLLTER GRIEßKUCHEN)*

1 Back-form

1 Std. 30 Min.

Mittel

Zutaten

Teig:
120 g Butter, weich
150 g Joghurt
2 EL Zucker
300 g Grieß, Weichweizen
½ Pck. Backpulver
½ TL Orangenblütenwasser oder Rosenwasser

Füllung:
100 g Mascarpone
1 Pck. Vanillepudding
400 ml Milch

Sirup:
1 Tasse Zucker
1 Tasse Wasser
etwas Zitronensaft

Nährwerte pro Rezept

3.218 kcal
399 g Kohlenhydrate
151 g Fett
56 g Eiweiß
(es fallen zusätzliche Nährwerte durch den Zuckersirup an)

1 Bereiten Sie zunächst den Zuckersirup zu. Kochen Sie das Wasser auf, fügen den Zucker bei und köcheln alles, bis ein dicklicher Sirup entsteht. Anschließend geben Sie einen Spritzer Zitronensaft dazu und lassen den Sirup abkühlen.

2 Währenddessen stellen Sie den Teig her. Geben Sie dafür alle Zutaten in eine Rührschüssel und kneten Sie sie zu einem glatten Teig zusammen. Stellen Sie den Teig für 10 Minuten beiseite.

3 Legen Sie eine geeignete Form mit Backpapier aus und füllen Sie die halbe Menge des Teiges hinein. Die Form sollte einen nicht zu hohen Rand haben, denn nun holen Sie den Teig samt Backpapier wieder heraus.

4 Fetten Sie nun die Form gut ein und geben Sie die zweite Hälfte des Teiges hinein.

5 Kochen Sie jetzt 400 ml Milch auf und rühren Sie ein Päckchen Vanillepuddingpulver hinein. Wenn der Pudding abgekühlt ist, mischen Sie die Mascarpone vorsichtig darunter.

6 Geben Sie die Puddingfüllung auf den Teig in der Backform und legen Sie dann die zweite Teigschicht darauf. Heizen Sie den Backofen auf 180 °C mit Umluftfunktion vor.

7 Backen Sie den Kuchen für etwa 40 Minuten. Anschließend geben Sie den Sirup auf den Kuchen und garnieren ihn mit gehackten Pistazien.

KUNAFA *(ORIENTALISCHE SÜẞSPEISE)*

4 Port.

1 Std. 40 Min.

Leicht

Zutaten

1 Tasse Nüsse nach Wahl, gehackt (Walnüsse, Haselnüsse, Pistazien, Mandeln)
1 Tasse Zucker
500 g Engelshaar
250 g Butter
250 g dicker türkischer Joghurt (alternativ Mozzarella oder Ricotta; bis zu 500 g sind möglich)
1 Tasse Rosinen
1 EL Zitronensaft (alternativ Orangenblütenwasser oder Rosenwasser)
1 Tasse Wasser

Nährwerte p. P.

417 kcal
28 g Kohlenhydrate
30 g Fett
10 g Eiweiß

1 Geben Sie das Wasser und den Zucker in einen Topf und erhitzen Sie die Zutaten, bis sie kochen. Rühren Sie immer wieder um, bis sich der Zucker aufgelöst hat. Anschließend köcheln Sie das Zuckerwasser bei niedriger Temperatur für etwa 15 bis 20 Minuten.

2 Achten Sie darauf, dass der Sirup nicht zu dick wird, rühren Sie zwischendurch um.

3 Fügen Sie den Zitronensaft dazu und köcheln Sie die Zutaten unter Rühren so lange weiter, bis der Sirup auf die Hälfte eingedickt ist. Anschließend stellen Sie den Topf beiseite.

4 Heizen Sie den Backofen auf 180 °C mit Umluftfunktion vor und zerlassen Sie die Butter in einem Topf.

5 Geben Sie das auseinandergezupfte Engelshaar in eine Schüssel und gießen Sie die flüssige Butter darüber. Mischen Sie mit den Händen die Teigfäden und die Butter vorsichtig zusammen.

6 Geben Sie die Hälfte der Teigfäden in eine flache runde Backform. Drücken Sie sie fest auf den Boden und streuen Sie die Nüsse und die Rosinen darüber.

7 Verteilen Sie gleichmäßig den Joghurt darüber. Bei Verwendung von Käse schneiden Sie diesen in dünne Scheiben, um ihn auf dem Teig zu verteilen.

8 Geben Sie nun die andere Hälfte der Teigfäden auf den Joghurt/Käse und drücken ihn fest an. Backen Sie den Teig für etwa 30 Minuten im Backofen. Es soll eine goldbraune Farbe entstehen.

9 Nach der Backzeit geben Sie den Zuckersirup darüber und servieren die Süßspeise warm oder kalt.

GRATINIERTE FEIGEN

2 Port. 20 Min. Leicht

Zutaten

2 EL Frischkäse
1 TL Honig
2 Stck. Feigen
1 Prise Pfeffer
1 Prise Salz
etwas Olivenöl

Nährwerte p. P.

110 kcal
26 g Kohlenhydrate
1 g Fett
1 g Eiweiß

1 Heizen Sie den Backofen auf 220 °C mit Grillfunktion vor. Bestreichen Sie eine Auflaufform mit etwas Olivenöl.

2 Säubern Sie die Feigen und schneiden Sie sie an der Oberseite im Kreuz ein.

3 Setzen Sie die Feigen in die Auflaufform und drücken Sie sie leicht auf. Füllen Sie den Frischkäse in die aufgedrückten Feigen und würzen Sie sie mit Salz und Pfeffer. Träufeln Sie den Honig darüber.

4 Gratinieren Sie die Feigen für etwa 5 bis 10 Minuten im Backofen.

BAKLAVA

1 Blech

1 Std. 5 Min.

Mittel

Zutaten

Füllung
1 EL Rosenwasser
100 g Zucker
100 g Walnüsse, gemahlen
2 Eiweiße
100 g Mandeln, gemahlen

Sirup
1 EL Orangenblütenwasser
etwas Wasser
250 g Zucker
10 g Pistazien, ungesalzen + gehackt

5 Teigblätter, Yufka- oder Filoteig
180 g Butter, flüssig

Nährwerte pro Blech

5.055 kcal
454 g Kohlenhydrate
329 g Fett
59 g Eiweiß

1 Verarbeiten Sie das Eiweiß zu einem steifen Eischnee. Geben Sie das Rosenwasser, den Zucker, die Mandeln und die Walnüsse hinein und rühren Sie alle Zutaten vorsichtig zusammen.

2 Bestreichen Sie jedes einzelne Teigblatt mit der flüssigen Butter und legen Sie eine Schicht in eine Auflaufform. Verteilen Sie die Nussmischung auf dem Teig. Legen Sie nun die übrigen gut gebutterten Teigblätter auf die Nussmischung.

3 Schneiden Sie kleine Rechtecke oder Quadrate aus dem Teig. Heizen Sie den Backofen auf 165 °C Ober- und Unterhitze vor.

4 Backen Sie das Baklava für etwa 35 Minuten, bis es eine goldbraune Farbe angenommen hat.

5 In der Zwischenzeit bereiten Sie den Sirup zu. Geben Sie den Zucker in einen kleinen Topf und füllen Sie so viel Wasser auf, dass er gerade so damit bedeckt ist. Füllen Sie das Orangenblütenwasser dazu und kochen Sie die Masse einmal auf. Köcheln Sie sie so lange, bis ein dicklicher Sirup entstanden ist.

6 Nach der Garzeit holen Sie das Gebäck aus dem Ofen und gießen sofort den Sirup darüber. Streuen Sie die Pistazien darauf und stellen die Speise zum Abkühlen beiseite.

UMM ALI *(DATTELN IN BLÄTTERTEIG)*

  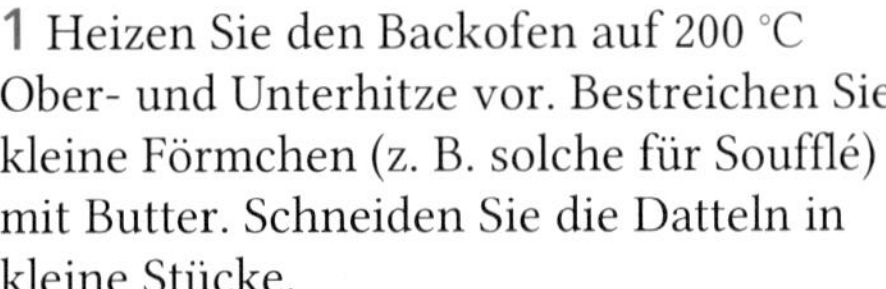

8 Port. 60 Min. Leicht

Zutaten

50 g Pistazien, gehackt
50 g Mandelstifte
25 g Kokosraspeln
100 g Datteln
75 g Zucker
8 TL Butter
1 Pck. Vanillezucker
8 TL Honig
1 Pck. Blätterteig, 270 g
¼ TL Kardamom
½ TL Zimt
500 ml Milch

Nährwerte p. P.

402 kcal
43 g Kohlenhydrate
22 g Fett
7 g Eiweiß

1 Heizen Sie den Backofen auf 200 °C Ober- und Unterhitze vor. Bestreichen Sie kleine Förmchen (z. B. solche für Soufflé) mit Butter. Schneiden Sie die Datteln in kleine Stücke.

2 Rollen Sie den Blätterteig auf einem Blech aus und stechen mit einer Gabel mehrmals hinein. Backen Sie den Teig für etwa 12 bis 15 Minuten. Stellen Sie ihn anschließend zum Abkühlen beiseite.

3 Teilen Sie den Blätterteig in kleine Stücke und verteilen Sie etwa ein Drittel der Menge auf die Förmchen.

4 Mischen Sie die Mandeln, die Pistazien, die Datteln und die Kokosraspeln zusammen und schichten Sie sie im Wechsel mit dem übrigen Blätterteig in die Formen. Schließen Sie mit einem Stück Blätterteig ab.

5 Geben Sie die Milch in einen Topf und fügen Sie den Zucker, den Vanillezucker und die Gewürze dazu. Kochen Sie die Milch einmal auf und verteilen Sie sie anschließend über dem Blätterteig. Stellen Sie die Formen für 10 Minuten beiseite.

6 Nun geben Sie jeweils einen Teelöffel Butter auf jede Form und backen sie für etwa 20 Minuten im Backofen. Danach träufeln Sie etwas Honig über die fertig gebackenen Blätterteigkuchen.

ÄGYPTISCHER REISPUDDING

4 Port.

20 Min.

Leicht

Zutaten

800 ml Milch
2 EL Maisstärke
1 Spritzer Rosenwasser
verschiedene Nusssorten
120 g Rundkornreis, Milchreis
2 EL Wasser
120 g Zucker
2 TL Zimt
ein paar Kokosflocken
ein paar Rosinen

Nährwerte p. P.

124 kcal
24 g Kohlenhydrate
2 g Fett
4 g Eiweiß

1 Lösen Sie die Stärke in dem Wasser auf.

2 Geben Sie die Milch in einen Topf und fügen Sie den Reis dazu. Kochen Sie die Milch mit dem Reis einmal auf. Anschließend rühren Sie den Zucker und das Rosenwasser hinein. Köcheln Sie den Milchreis bei mittlerer Hitze und rühren Sie immer wieder um.

3 Geben Sie nun das Stärkewasser hinein und rühren immer weiter, bis der Milchreis dick wird.

4 Köcheln Sie unter Rühren den Milchreis so lange weiter, bis der Reis gar ist. Nun füllen Sie ihn in Portionsschälchen und bestreuen ihn mit dem Zimt. Zum Servieren geben Sie die Nüsse, die Rosinen und die Kokosflocken auf den Milchreis.

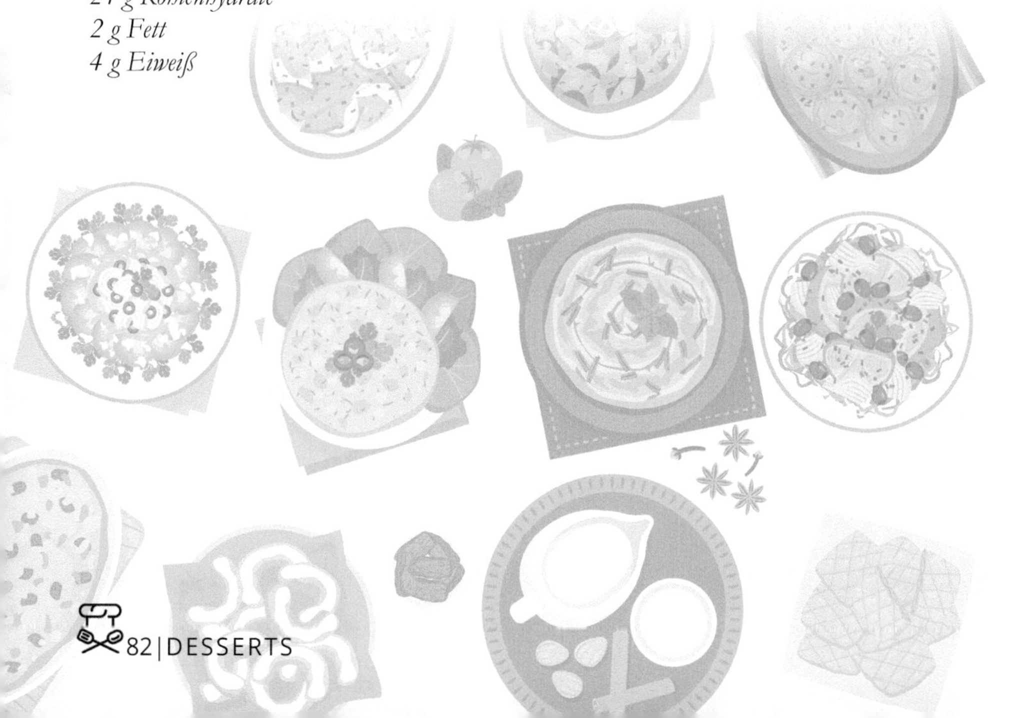

SÜẞER TOAST

2 Port.

20 Min.

Leicht

Zutaten

1 Tasse Semmelbrösel
1 Tasse Milch
4 Eier
6 Scheiben Toastbrot
1 TL Zimt
1 EL Zucker
1 EL Butter oder Margarine

Nährwerte p. P.

441 kcal
46 g Kohlenhydrate
19 g Fett
20 g Eiweiß

1 Geben Sie die Eier und die Milch in einen tiefen Teller und verrühren Sie sie miteinander. Die Semmelbrösel füllen Sie auf einen weiteren Teller.

2 Tunken Sie jedes einzelne Toastbrot in die Eiermischung und wenden Sie sie anschließend in den Semmelbröseln.

3 Erhitzen Sie die Butter oder die Margarine in einer Pfanne und braten Sie die Toastbrote darin goldbraun von beiden Seiten.

4 Zum Servieren streuen Sie Zimt und Zucker auf die Toastbrote.

Tipp: Sie können die Toastbrote zusätzlich mit Marmelade oder einer Schokocreme bestreichen. Ebenso gut schmeckt Apfelmus mit Sahne dazu.

Getränke

ASIR LAMUN *(ZITRONENSAFT)*

4 Port.

15 Min

Leicht

Zutaten

4 kleine Zitronen
150 - 200 g Zucker
800 ml Wasser, kalt
100 ml Milch
ein paar Minzblätter

Nährwerte p. P.

228 kcal
53 g Kohlenhydrate
1 g Fett
1 g Eiweiß

1 Säubern Sie die Zitronen und halbieren Sie sie.

2 Sie können die Schale an den Zitronen belassen, wenn diese unbehandelt sind. Ansonsten schälen Sie sie, lassen Sie die weiße innere Schale daran. Alternativ können Sie die Zitronen auch einfach nur entsaften und die Schale komplett entsorgen.

3 Geben Sie die Zitronen, das Wasser, die Milch und den Zucker (schmecken Sie den Saft zwischendurch ab) in einen Standmixer und pürieren Sie alle Zutaten. Sie können auch einen Pürierstab verwenden.

4 Gießen Sie den Zitronensaft durch ein Sieb und füllen Sie ihn in Gläser. Garnieren Sie das Getränk mit Minzblättern.

Tipp: Dekorieren Sie den Rand der Gläser mit Zucker und stecken Sie eine Zitronenscheibe an den Glasrand.

SAHLAB *(MILCHGETRÄNK FÜR DEN WINTER)*

4 Port.

15 Min.

Leicht

Zutaten

2 EL Zucker (kann mehr oder weniger sein, je nach Geschmack)
3 EL Maisstärke
1 l Milch
1 Prise Zimt
nach Bedarf gemahlene Mandeln
nach Bedarf Kokosraspeln

Nährwerte p. P.

49 kcal
5 g Kohlenhydrate
2 g Fett
3 g Eiweiß

1 Verrühren Sie die Stärke mit einer Tasse Milch. Erhitzen Sie die restliche Milch in einem Topf und geben Sie die angerührte Stärkemilch und den Zucker dazu.

2 Kochen Sie die Flüssigkeit unter ständigem Rühren einmal auf, bis sie leicht angedickt ist.

3 Füllen Sie die Milch in Gläser und streuen Sie den Zimt, die Mandeln und die Kokosraspeln darüber.

Tipp: In einem gut sortierten Einzelhandel oder in einem speziellen arabischen Lebensmittelgeschäft können Sie die originale Sahlab-Stärke erwerben. In der Regel sind hier dann schon der Zucker und auch die anderen Zutaten enthalten.
In diesem Rezept wird Maisstärke verwendet, es kommt dem Original aber sehr nahe.

SOBIA *(KOKOSNUSSGETRÄNK)*

4 Port.

20 Min.

Leicht

Zutaten

150 ml Kokosnussmilch
1 TL Speisestärke
200 ml Wasser
1 Kardamomkapsel
250 ml Milch
1 Prise Zimt
Zucker nach Bedarf
einige Kokosflocken

Nährwerte p. P.

142 kcal
6 g Kohlenhydrate
12 g Fett
3 g Eiweiß

1 Zerstoßen Sie die Kardamomkapsel und geben Sie sie in einen Topf.

2 Füllen Sie die Milch, die Kokosmilch, etwas Zucker und einige Kokosflocken dazu. Kochen Sie die Flüssigkeit einmal kurz auf.

3 In der Zwischenzeit verrühren Sie die Speisestärke mit dem Wasser und geben es unter Rühren in die heiße Milch. Köcheln Sie alle Zutaten für kurze Zeit bei niedriger Temperatur. Rühren Sie eine Prise Zimt hinein und stellen Sie den Topf zum Abkühlen beiseite.

4 Servieren Sie das Kokosnussgetränk kalt. Vor dem Servieren schäumen Sie das Getränk mit einem Mixer noch einmal auf.

KARKADEH *(HIBISKUSBLÜTENTEE)*

2,5 Liter

45 Min.

Leicht

Zutaten

Hibiskusblüten, getrocknet
1 Tasse Zucker (alternativ Honig)
2,5 l Wasser

1 Kochen Sie das Wasser mit dem Zucker zusammen einmal auf.

2 Nehmen Sie den Topf von der Kochstelle und geben Sie eine gut gefüllte Hand voll von den Hibiskusblüten hinein.

3 Stellen Sie den Topf zum Ziehen für etwa 30 Minuten beiseite.

4 Im Sommer genießen Sie den Tee gut gekühlt. Im Winter geben Sie noch etwas Anis, Kreuzkümmel und Zimt dazu und können eine alkoholfreie Glühweinvariante genießen.

Tipp: Die Qualität von Hibiskusblüten ist umso besser, je weniger sie gebrochen sind. Es wird diesem Getränk nachgesagt, es habe eine blutdrucksenkende Wirkung beim Verzehr von über drei Tassen am Tag. Sie können die Hibiskusblüten auch ein zweites Mal überbrühen.

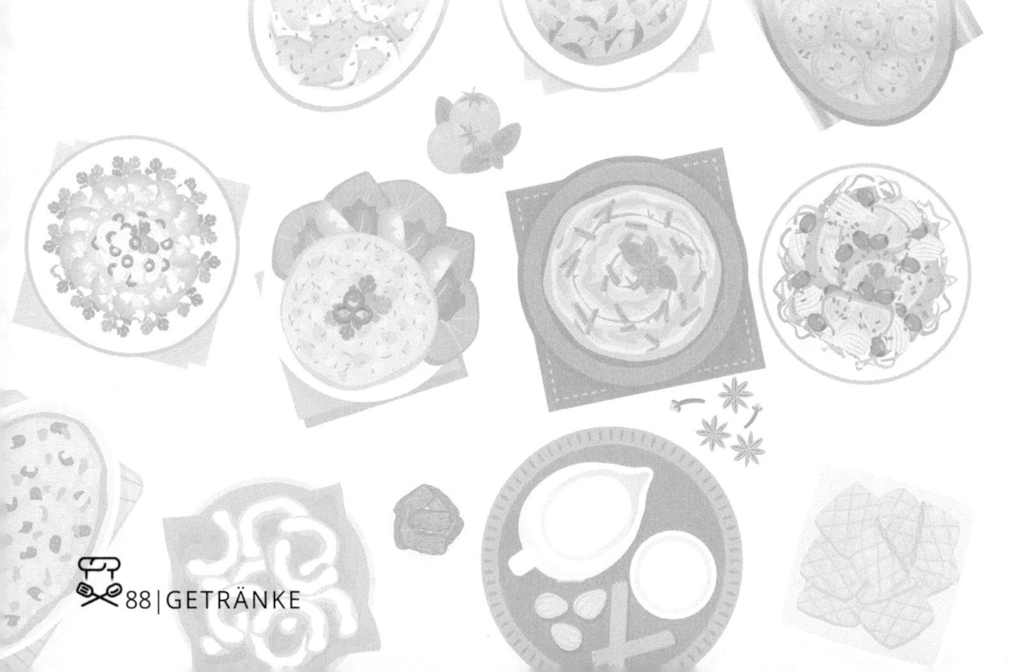

ASSIR CANTALOP *(HONIGMELONENSAFT)*

1 Port.

20 Min.

Leicht

Zutaten

1 Honigmelone, klein
1 Zitrone (Saft)

Nährwerte p. P.

172 kcal
39 g Kohlenhydrate
1 g Fett
2 g Eiweiß

1 Entfernen Sie die Schale und die Kerne der Honigmelone. Schneiden Sie das Fruchtfleisch in kleine Stücke. Pressen Sie die Zitrone aus.

2 Geben Sie die Melonenstücke und den Zitronensaft in einen Mixer und mixen Sie alles zu einer geschmeidigen Masse. Alternativ können Sie auch einen Pürierstab verwenden.

Soßen, Aufstriche, Cremes & Dips

TAHINI *(SESAMMUS)*

300 g 20 Min. Leicht

Zutaten

2 - 3 EL Sesamöl, kaltgepresst
300 g Sesam
1 Prise Meersalz

Sie benötigen außerdem einen leistungsfähigen Zerkleinerer (Food Processor, Vitamix o. Ä.)

Nährwerte pro 100 g

613 kcal
11 g Kohlenhydrate
52 g Fett
20 g Eiweiß

1 Geben Sie den Sesam in den Zerkleinerer. Zerkleinern Sie die Samen, bis sie zu einem Mus werden.

2 Geben Sie nach und nach etwas Sesamöl dazu, bis die gewünschte Konsistenz erreicht ist.

3 Schaben Sie zwischendurch den Brei vom Rand des Gefäßes ab.

4 Würzen Sie zum Schluss das Tahini mit etwas Salz.

5 Bei Verwendung eines Hochleistungsmixers nehmen Sie die doppelte Menge des Sesams, denn ein solches Gerät muss bis zu einer bestimmten Höhe befüllt werden.

6 Fangen Sie mit der niedrigsten Stufe an und erhöhen nach und nach die Geschwindigkeit.

7 Es kann sein, dass Sie hier kein Sesamöl verwenden müssen. Sollte Ihnen die Konsistenz nicht recht sein, können Sie natürlich trotzdem etwas Öl dazugeben.

Tipp: Zum Ausprobieren nehmen Sie geschälten Sesam. Dieser hat einen weniger intensiven Geschmack und ist nicht so bitter.
Sie können den Sesam vor der Verwendung rösten. Dieser Vorgang ergibt einen intensiveren Geschmack.
Das fertige Tahini ist im Kühlschrank etwa 3 Monate haltbar.

BABA GANOUSH *(AUBERGINENDIP)*

1 Port. 60 Min. Leicht

Zutaten

2 Knoblauchzehen
½ TL Kreuzkümmel, gemahlen
2 EL Olivenöl
2 EL Tahini (Rezept in diesem Kochbuch)
2 Auberginen
2 EL Zitronensaft
1 Prise Salz
etwas frische Petersilie, gehackt
etwas Paprikapulver, geräuchert

Nährwerte p. P.

589 kcal
47 g Kohlenhydrate
43 g Fett
13 g Eiweiß

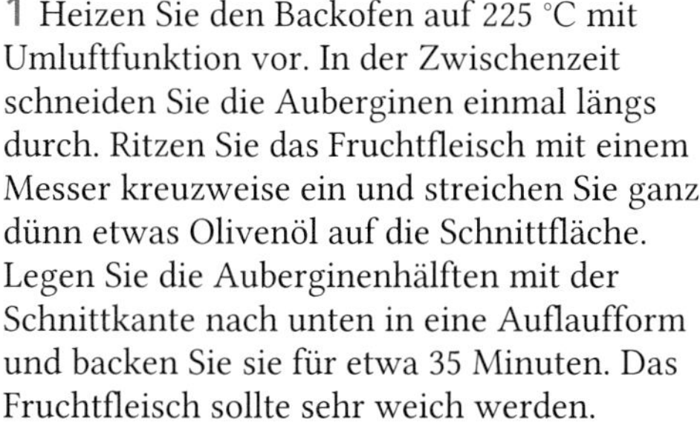

1 Heizen Sie den Backofen auf 225 °C mit Umluftfunktion vor. In der Zwischenzeit schneiden Sie die Auberginen einmal längs durch. Ritzen Sie das Fruchtfleisch mit einem Messer kreuzweise ein und streichen Sie ganz dünn etwas Olivenöl auf die Schnittfläche. Legen Sie die Auberginenhälften mit der Schnittkante nach unten in eine Auflaufform und backen Sie sie für etwa 35 Minuten. Das Fruchtfleisch sollte sehr weich werden.

2 Holen Sie nach dem Abkühlen das Fruchtfleisch mit einem Löffel aus der Schale. Geben Sie es zum Abtropfen in ein Küchensieb. Drücken Sie es mit dem Löffel etwas aus, damit so viel Flüssigkeit wie möglich herauskommt.

3 In der Zwischenzeit pellen Sie den Knoblauch und pressen ihn in eine große Rührschüssel.

4 Geben Sie die Aubergine und den Zitronensaft dazu. Musen Sie alle Zutaten entweder mit einer Gabel oder einem Mixer zu einem Brei.

5 Nun mischen Sie 2 Esslöffel Olivenöl und das Tahini dazu. Würzen Sie den Brei mit dem Kreuzkümmel und dem Salz. Eventuell fügen Sie noch etwas Zitronensaft hinzu.

6 Zum Servieren richten Sie den Dip in einer Schüssel an und träufeln etwas Olivenöl darüber. Streuen Sie die gehackte Petersilie und ein wenig geräuchertes Paprikapulver darauf.

Tipp: Sie können den Dip einige Tage im Kühlschrank aufbewahren. Zudem ist er zum Einfrieren geeignet. Es hat sich gezeigt, dass kleine Auberginen einen besseren Geschmack haben. Kaufen Sie also lieber zwei kleine Früchte als eine große.

MASHI *(FÜLLUNG FÜR ALLE GROẞEN GEMÜSEARTEN)*

1 Port.

30 Min.

Leicht

Zutaten

1 kg Tomaten
1 kg Reis, weiß und klebrig (Sushi-Reis)
500 g Zwiebeln
1 Bund Petersilie
1 Bund Dill
1 Bund Koriander
1 Prise Kreuzkümmel
1 Prise Pfeffer, schwarz
1 Prise Salz
1 Prise Chili
etwas Pfefferminze, getrocknet

Nährwerte pro 100 g

162 kcal
32 g Kohlenhydrate
1 g Fett
7 g Eiweiß

1 Spülen Sie die Kräuter ab und hacken Sie alles in feine Stücke. Schälen Sie die Tomaten und raspeln Sie sie mit einem groben Hobel. Pellen Sie die Zwiebeln und raspeln Sie auch diese mit dem groben Hobel. Waschen Sie den Reis gründlich, bis das Wasser klar wird.

2 Geben Sie nun alle Zutaten in eine Rührschüssel und vermengen Sie sie gut miteinander.

3 Diese Füllung können Sie für alle großen Gemüsesorten, zum Beispiel Paprika, große Tomaten, Zucchini, Auberginen oder große Zwiebeln, verwenden. Weiterhin können Sie Weinblätter oder alternativ (Spitz)Kohlblätter damit füllen und garen.

SHARBAT *(ZUCKERSIRUP)*

1 Port.

45 Min.

Leicht

Zutaten

200 g Zucker
½ Zitrone (Saft)
450 ml Wasser
2 EL Rosenwasser oder Orangenblütenwasser (nach Bedarf)

1 Geben Sie das Wasser und den Zucker in einen Topf und kochen es einmal kurz auf. Köcheln Sie das Zuckerwasser für etwa 20 Minuten bei niedriger Temperatur und rühren Sie zwischendurch um. Es soll ein dicklicher Sirup entstehen.

2 Anschließend fügen Sie den Zitronensaft dazu und stellen den Topf zum Abkühlen beiseite.

3 Nach dem Abkühlen geben Sie, wenn Sie mögen, das Rosen- oder Orangenblütenwasser dazu.

Tipp: Der Sirup wird immer kalt verwendet. Sie können ihn also gut auf Vorrat zubereiten.
Wenn Sie eine kleinere Menge benötigen, halbieren Sie ganz einfach die Mengenangaben.

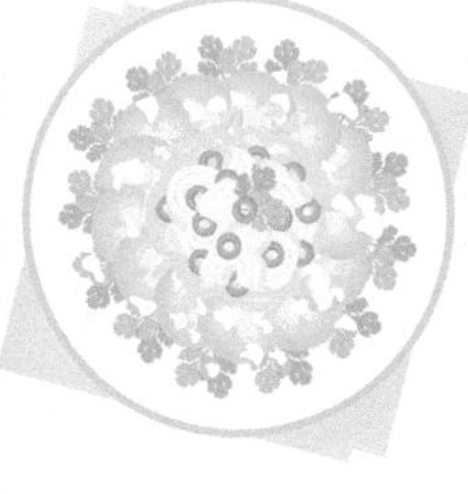

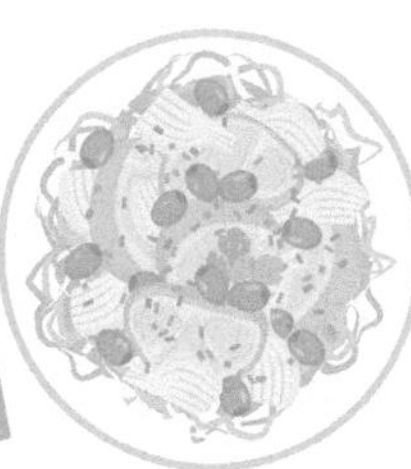

TARATOR-SOßE *(DIP MIT SESAMMUS)*

1 Port.

20 Min.

Leicht

Zutaten

1 Knoblauchzehe
1 TL Petersilie, gehackt
1 Zitrone, Saft
100 g Tahini
1 Prise Kreuzkümmel, gemahlen
½ TL Salz
etwas Wasser

Nährwerte p. P.

653 kcal
10 g Kohlenhydrate
56 g Fett
27 g Eiweiß

1 Pellen Sie den Knoblauch und pressen Sie ihn in eine Schüssel.

2 Pressen Sie den Saft der Zitrone aus und vermischen ihn mit dem Knoblauch.

3 Geben Sie anschließend alle übrigen Zutaten dazu und vermischen alles gut miteinander.

ÄGYPTISCHE LACHSSOßE

4 Port. 30 Min. Leicht

Zutaten

400 g Lachs
1 Becher Sahne
1 Msp. Paprikapulver
2 EL Butter
1 Tasse Milch
1 Stange Lauch
3 Knoblauchzehen
1 Prise Salz
1 Prise Pfeffer

Nährwerte p. P.

414 kcal
10 g Kohlenhydrate
31 g Fett
22 g Eiweiß

1 Säubern Sie den Lauch und schneiden Sie ihn in feine Ringe. Pellen Sie den Knoblauch und hacken Sie ihn in feine Stücke. Waschen Sie den Lachs und schneiden Sie ihn in feine Streifen.

2 Erhitzen Sie die Butter in einer Pfanne und braten Sie den Knoblauch und den Lauch kurz an. Geben Sie die Milch dazu und kochen das Ganze etwas ein. Anschließend füllen Sie die Sahne und die Gewürze in die Pfanne und rühren alle Zutaten gut durch.

3 Zum Schluss geben Sie die Lachsstreifen dazu. Köcheln Sie die Soße bei niedriger Temperatur, bis der Lachs durchgegart ist.

Tipp: Nach Geschmack können Sie die Soße mit etwas Dill zubereiten.

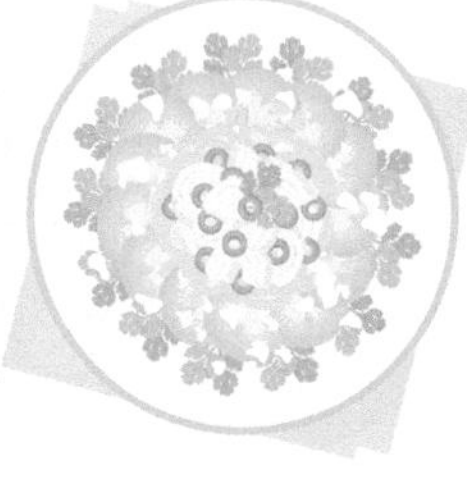

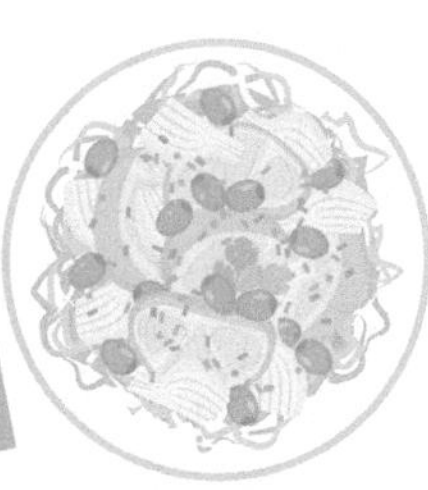

Orientalische Gewürzmischungen

DUKKAH GEWÜRZMISCHUNG *(NUSSMISCHUNG ZUM WÜRZEN)*

1 Glas

35 Min.

Leicht

Zutaten

2 EL Sonnenblumenkerne
1 TL Chiliflocken
50 g Haselnüsse
1 EL Kreuzkümmelsamen
2 EL Schwarzkümmelsamen
25 g Pinienkerne
1 TL Pfefferkörner
4 EL Sesam
3 EL Koriandersamen
25 g Cashewkerne
2 TL Meersalz
1 TL Thymian
2 TL Fenchelsamen

Nährwerte pro Glas

1.108 kcal
36 g Kohlenhydrate
85 g Fett
38 g Eiweiß

1 Hacken Sie die Haselnüsse und die Cashewkerne in grobe Stücke.

2 Erhitzen Sie eine Pfanne ohne Öl und rösten Sie darin die Haselnüsse, die Cashewkerne und die Pinienkerne an. Nehmen Sie die Nüsse aus der Pfanne und stellen Sie sie zum Abkühlen beiseite.

3 Wiederholen Sie das Anrösten mit dem Sesam und dem Schwarzkümmel. Auch diese stellen Sie zum Abkühlen beiseite.

4 Nun geben Sie die Sonnenblumenkerne, den Kreuzkümmel, die Pfefferkörner und den Koriander in die Pfanne und rösten sie bei mittlerer Temperatur an, bis ein guter Duft entsteht. Geben Sie diese Zutaten dann mit den Fenchelsamen in einen Mixer und mahlen alles grob durch.

5 Fügen Sie die anderen Zutaten dazu und mischen Sie alles gut durch. Wenn Sie möchten, können Sie alles noch einmal in der Küchenmaschine zerkleinern.

6 Füllen Sie das Gewürz zur Aufbewahrung in ein gut verschließbares Glas.

Tipp: Sie können mit dieser Gewürzmischung einen Dip mit Olivenöl herstellen. Als Panade lässt sich diese Mischung ebenfalls verwenden.

ÄGYPTISCHE GEWÜRZMISCHUNG

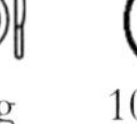

10 g   10 Min.   Leicht

Zutaten

½ TL Karottenflocken, getrocknet
1 TL Tomatenflocken, getrocknet
1 TL Lauch, getrocknet
1 TL Basilikum, getrocknet
1 Prise Dill, getrocknet
1 Prise Kreuzkümmel
1 Prise Petersilie, getrocknet
1 Prise Muskat
1 Prise Paprikapulver
1 Prise Schwarzkümmel
1 Prise Knoblauch, getrocknet
1 Prise Ingwer, gemahlen

Nährwerte p. P.

16 kcal
2 g Kohlenhydrate
1 g Fett
1 g Eiweiß

1 Geben Sie alle Zutaten in eine Schüssel und vermischen Sie sie miteinander.

2 Sie können diese Gewürzmischung sofort verwenden, aber auch in einem gut verschließbaren Gefäß aufbewahren.

Tipp: Sie können mit dieser Mischung alle Fleischsorten, Gemüse oder Fisch würzen.

BAHARAT *(ARABISCHE GEWÜRZMISCHUNG)*

1 Port.

10 Min.

Leicht

Zutaten

1 TL Koriandersamen
1 TL Kreuzkümmel
4 TL Pfefferkörner, schwarz
2 Gewürznelken
1 TL Zimt
4 TL Cayennepfeffer
1 TL Kardamom, gemahlen
etwas Muskatnuss, gerieben

außerdem einen Mörser

1 Geben Sie die Pfefferkörner, die Koriandersamen und die Gewürznelken in den Mörser und zerkleinern Sie die Gewürze.

2 Anschließend geben Sie die restlichen Zutaten dazu und mischen alles gut durch.

Tipp: Dieses Gewürz lässt sich für alle Fleischsorten und Fisch verwenden. Auch Dips können Sie damit würzen, um eine orientalische Note zu erhalten. Baharat ist auch als fertige Gewürzmischung in ausgewählten arabischen Lebensmittelgeschäften oder im Internet erhältlich.

ALL-SPICE-GEWÜRZ

16 Port. 10 Min. Leicht

Zutaten

1 EL Pfeffer, bunt und geschrotet
1 EL Meersalz
1 TL Paprikapulver, rosenscharf
2 EL Petersilie, getrocknet
2 TL Paprikapulver, edelsüß
1 EL Basilikum, getrocknet

1 Geben Sie alle Zutaten in eine Küchenmaschine und verarbeiten Sie sie zu einem feinen Pulver. Alternativ können Sie auch einen Mörser verwenden.

2 Füllen Sie das Gewürz in ein gut verschließbares Gefäß. Sie können es etwa ein halbes Jahr lang lagern.

Tipp: Mit dieser Gewürzmischung können Sie sämtliche Speisen verfeinern.